知識ゼロからの マルクス経済学入門

Marx Economics

恐慌
搾取
格差
資本主義の弊害
労働価値の低下
剰余価値
貨幣
商品の価値

神奈川大学教授
的場昭弘 監修
Akihiro Matoba

弘兼憲史 著
Kenshi Hirokane

幻冬舎

まえがき

米国のサブプライムローン（低所得者向け住宅ローン）が引き金となった世界同時金融恐慌。その嵐は、労働規制緩和を続けてきた日本で「雇用不安」という形になって、平成20年の後半から吹き荒れている。

今回の金融恐慌は、資本主義経済が進むべき道を見失っていることを露呈させた。この現象を、百年以上も前にカール・マルクスが『資本論』の中で予言的に指摘していた。「信用制度が、過剰生産や商業における過剰投機の主要な槓杆《こうかん》として現れる」「信用制度は他人の労働の搾取による致富《ちふ》を、もっとも純粋に、またもっとも巨大な賭博や詐欺の制度にまで発展させ」る、と。これはまさに現代の経済危機と一致する。このことから「資本主義社会は限界」と解釈するのは早計だが、『資本論』を読み解くことで、資本主義経済の矛盾が浮き上がり、なぜ今、労働者たちは苦しんでいるのか、その原因に気づくかも知れない。

本書は、マルクス経済学の要点を壮大な『資本論』を中心にまとめたものであり、読み進めることで、初心者でもマルクスが目指したものは何だったのか、今なぜ再び『資本論』が注目されているのかが明らかになるだろう。

なお、本書をまとめるにあたり、神奈川大学教授・的場昭弘氏に有益なアドバイスとご指導を頂戴した。ここに記し厚くお礼申し上げたい。

二〇〇九年二月

弘兼憲史

第2章 マルクスは価値と貨幣の関係を明らかにした……43

第3章 労働は利潤を生み、利潤は資本家のものになる

第4章 マルクスは、資本主義が資本家のためのしくみだと批判した

「マルクスってどんな人だっけ??」

という人は、まず

1分で分かる!

～Who is マルクス?～

を読んでみよう。

1分で分かる!
Who is マルクス?
コホン
わしは1818年に
プロイセン
(現在のドイツ)の
トリーアという町で
裕福なユダヤ人の家に
生まれたのじゃ・・・
ここじゃ…
マルクス

そんなある日・・・
人間って・・・
自由！
byヘーゲル
!!
おおっ
マルクス
マルクスは
ヨーロッパ近代哲学を
完成させたと言われた人物
ヘーゲルの思想に出合い
モーレツに感動した
そうか・・・
人生はなぞに
満ちている・・・
人とはなんだ
人生とは・・・
ブツブツ・・・
わしは哲学に
没頭した
それはもう
どっぷりと
若い頃の
マルクス
人が
いる
歴史を
つくる
人が
闘争する
コラー
ワーワー
新しい
歴史が
できる
これがマルクスの「史的唯物論」
こうしてマルクスは、ヘーゲル
の残した弁証法をひっくり返し
て、歴史に当てはめて考えた
「否定の否定は肯定
につながるのか!!!」
ヘーゲルって
すごい！

出合いは
突然やってくる
「経済学批判
大綱」
フリードリヒ・
エンゲルス
ぷる
ぷる
ぷる
ぷる
すばらしい!!
わしにはまだ
経済学の知識は
あまりないが
歴史を動か
しているのは
まぎれもなく
経済だから……
ブツブツ
スッゲー!!
これは
誰が書い
たんじゃ?
どうも
フリードリヒ・
エンゲルス
と申します
よ…よろしく
おねがいします
…
PROFILE
1820年、ドイツ生まれ。
実業家、思想家、運動家。
24歳のときにマルクスと意気投合し、生涯友情を貫いた人物。

2人はすぐに親友になった
交わした手紙は1300通以上・・・
だから あれは こうで‥ うんぬん…
なるほど ふむ ふむ…
マルクス
エンゲルス
そして2人の共同作業により
かの有名な
『資本論』の執筆は始まった
マルクスさん 早く書かないと・・・！
いや ほとんど できとるん じゃよ
カレンダー
ペラリ…
今年も ダメだった…
むー
むー
むー
メモ
メモ
メモ
メモ
メモ
メモ
まっしろ
執筆にはなんと
20年以上の歳月が
費やされた

2人は有名な
運動家でもあった
ワー
ワー
万国のプロレタリアよ
団結せよ!
メラメラ
メラメラ
マルクス→
←エンゲルス
共産党宣言!!
1883年3月14日....マルクス永眠（享年65歳）
マルクスのお墓
WORKERS OF ALL LANDS
UNITE
KARL MARX
ジーーーン
ああ..
マルクス
....
さみしい....
ちょっ
ちょっと待った!
資本論のつづきはどうするんだ?!
エンゲルス
メモ
メモ
メモ

end....その後、世界ではマルクスの影響で多くの革命が起きた。

序章

21世紀の危機を19世紀のマルクスで読む

金融危機の到来をマルクスは見抜いていた

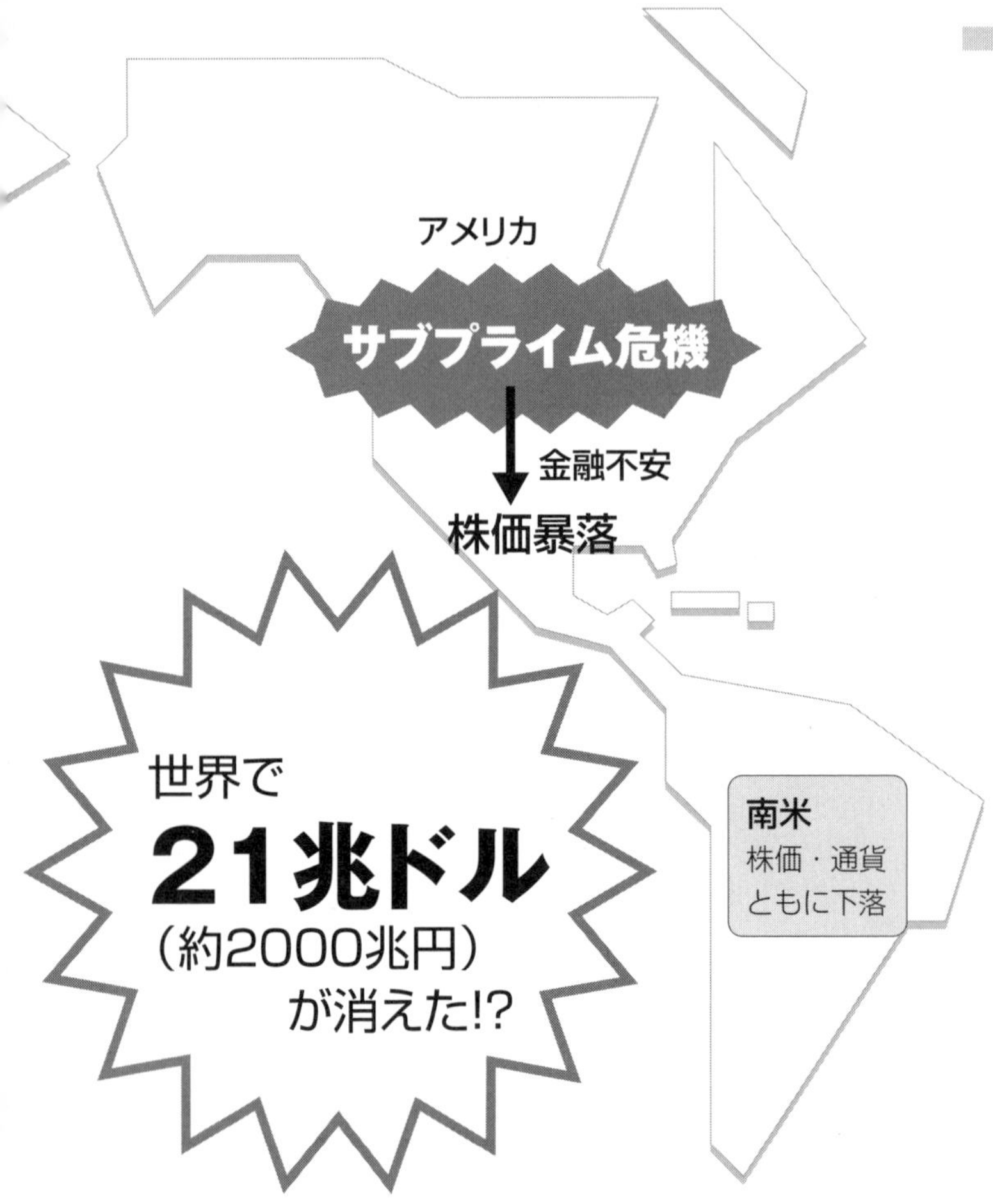
アメリカ
サブプライム危機
金融不安
株価暴落
世界で
21兆ドル
（約2000兆円）
が消えた!?
南米
株価・通貨
ともに下落

マルクスは『資本論』で金融（信用）制度に触れ、現代の金融危機と重なることを記述している。

多数の資本家が利潤を銀行に預け、利子という新たな資本増加に期待する。資金が集中した銀行は預かった資本を貸し出し、利子を得ることで利子を払う。お金がお金を生み出す舞台は、労働力のみが利潤の源泉だという定石を忘れさせ、投機的になる。やがて、信用が膨張するとともに金融が肥大化。現実資本との矛盾に耐えきれなくなり、必然的に崩壊……。

金融は資本主義経済を発展させるが、同時に崩壊もさせるという「諸刃の剣」ということだ。マルクスは100年以上も前に、このことを見抜いていたのだ。

アメリカ発の金融不安が世界に飛び火した

2008年9月にアメリカで金融危機が起こった。大手証券会社が破綻するなど、世界中に混乱をもたらした。

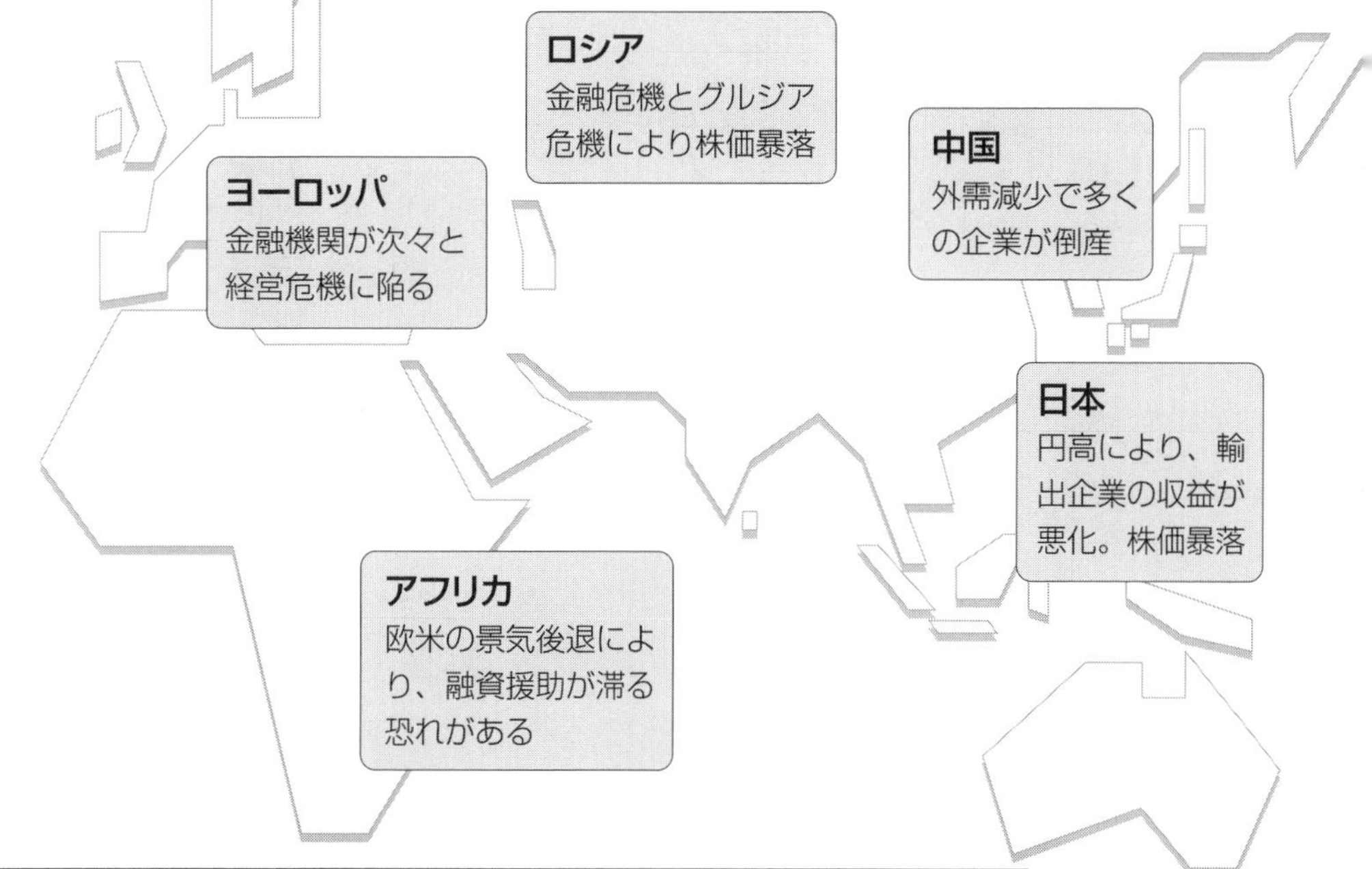
ロシア
金融危機とグルジア危機により株価暴落
中国
外需減少で多くの企業が倒産
ヨーロッパ
金融機関が次々と経営危機に陥る
日本
円高により、輸出企業の収益が悪化。株価暴落
アフリカ
欧米の景気後退により、融資援助が滞る恐れがある

世界中で大変なことが起こってるぞ！
こっちも大変だよ

お金の動きはますます複雑になっていく。

グローバル資本主義の弊害をマルクスは知っていた

貧困は世界中に広がっている

資本主義が発達している国は、格差も同時に進んでいる。

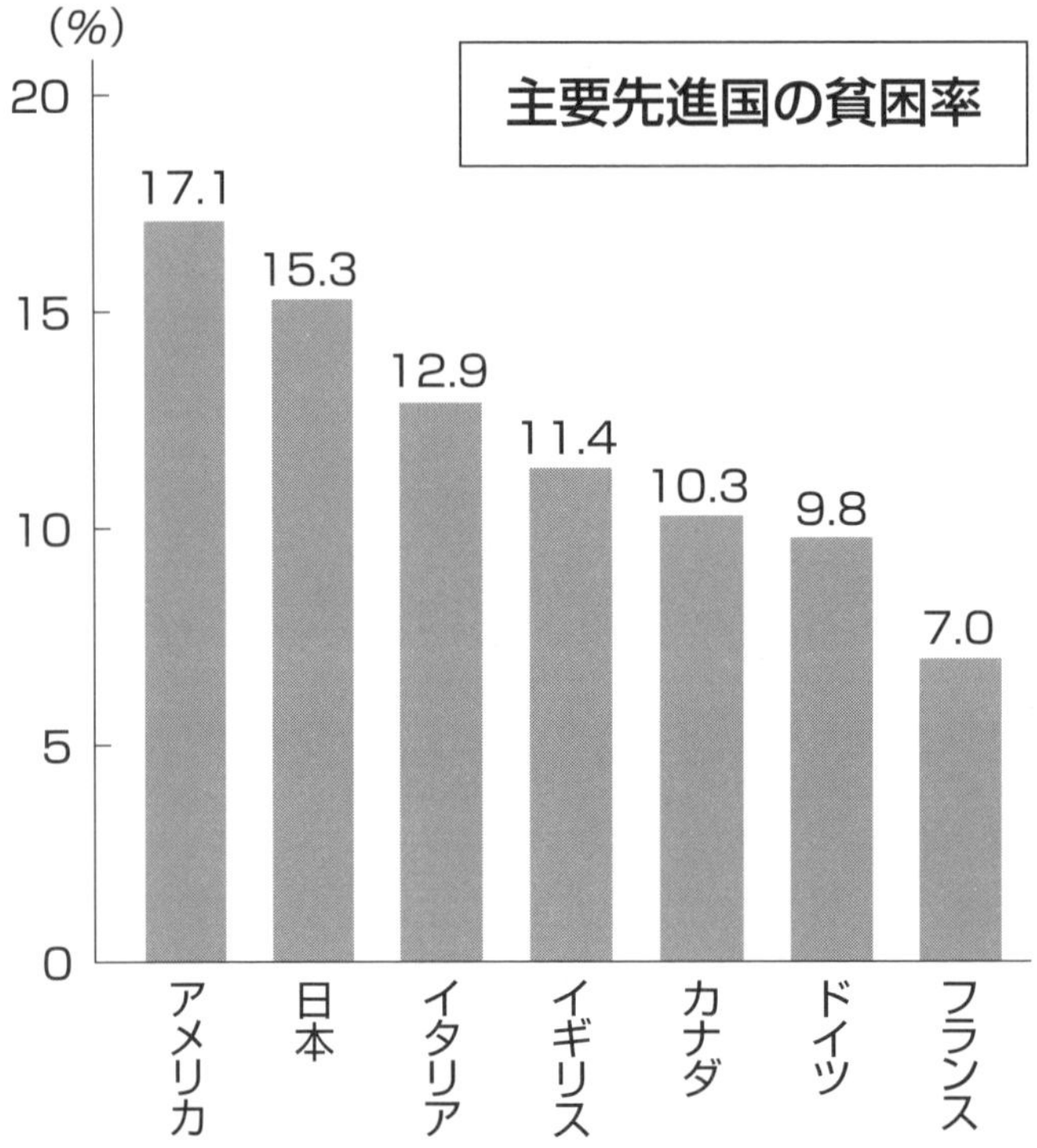

(出典:OECD社会指標　2005年版)

資本主義社会は利潤を求めて、常に拡大していく。そして国内市場が飽和すると、安い労働力、新たな消費地を求めて拡大していく。これがグローバリゼーションだ。

マルクスが生きた頃のヨーロッパも植民地政策などによるグローバル化時代だった。そしてそれは、世界中に格差を作る元凶であるとマルクスは指摘していた。労働力を外で調達することにより、国内の労働力が必要なくなるからだ。

今の日本も構造改革により、市場が開放され、グローバル化が急速に進展している。同時に、「勝ち組」「負け組」という言葉も生まれた。これはまさにマルクスの時代と重なる。

この街にも
貧困が
あるのか・・・

グローバル化の光と影

経済のグローバル化は、世界の国々の経済の関係性が強くなるため、良い点も悪い点も発生する。

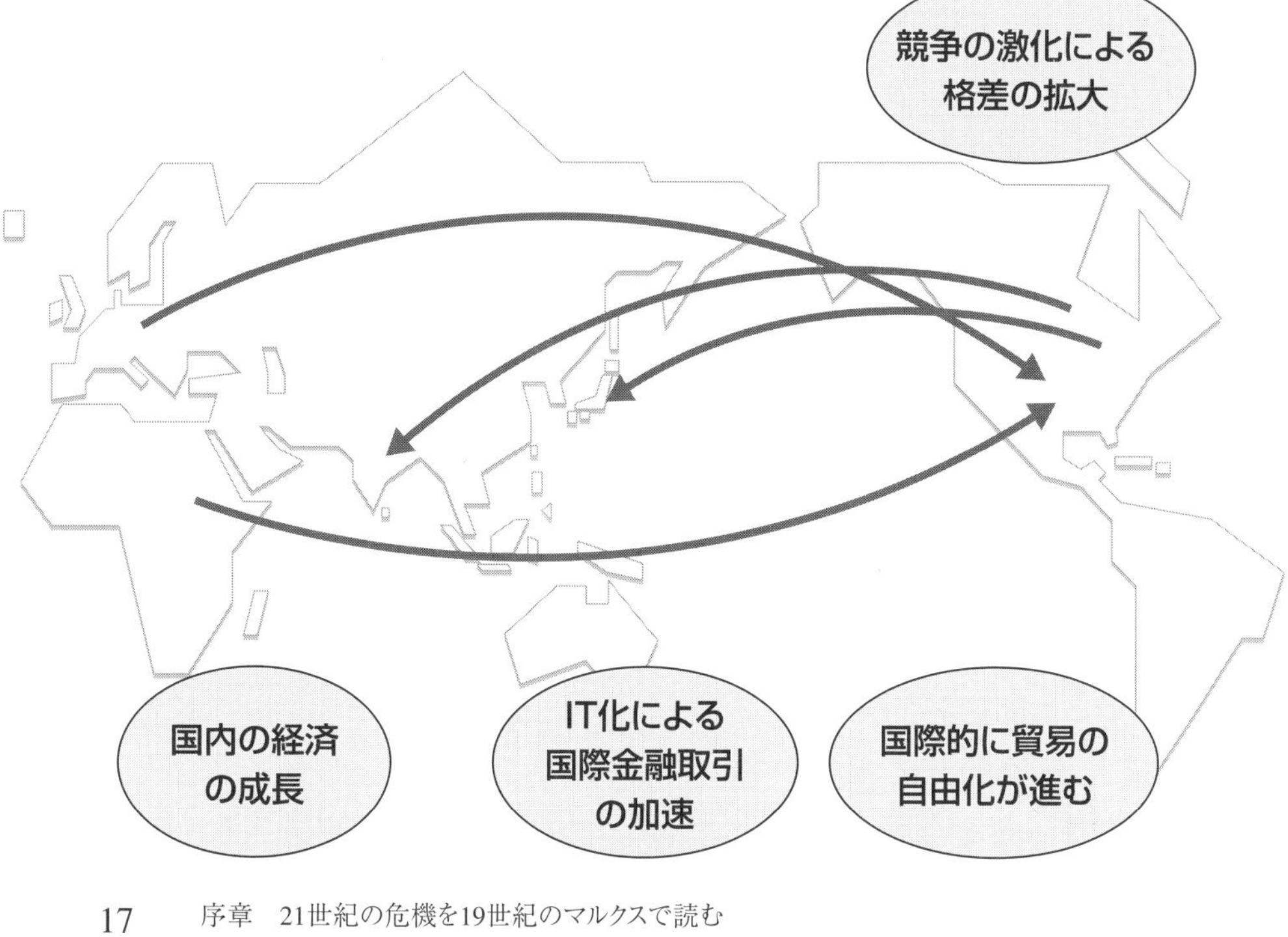
競争の激化による
格差の拡大
国内の経済
の成長
IT化による
国際金融取引
の加速
国際的に貿易の
自由化が進む

国が資本家を支える国家独占資本主義

〝二重の搾取〟を受ける労働者

大企業が破綻した場合、国家が公的資金を投入する。その公的資金は、国民の税金でまかなわれる。

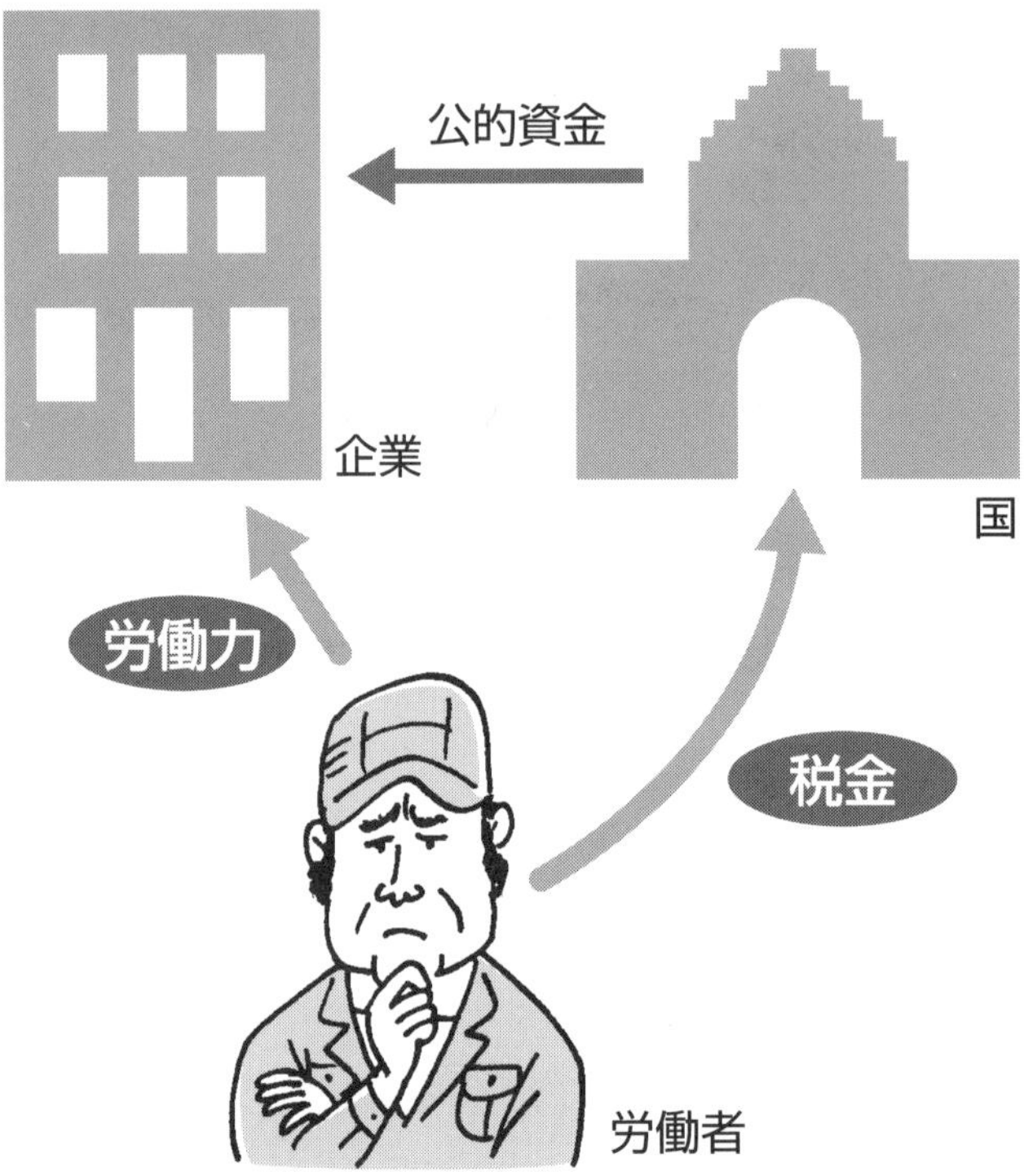

不景気になると、国は景気回復のテコとなるよう、国債などの公債を発行して資金を集める。そして、道路や公共施設などの建設を盛んに発注して大企業を救う。その理由は、仕事が増えることでより多くの賃金を獲得してもらい、その分を消費してもらうことで景気を刺激するためだという。

仕事が増えるということは、労働力で得た利潤の一部を企業が「搾取」し、利潤を増やすということだ。さらに、国債は労働者の賃金から「搾取」した税金が資金源だ。つまり、労働者は国と企業から二重の搾取を受けているといえる。国が経済に介入する状態は、国家独占資本主義が最も進んだ形態といわれている。

借金まみれの日本政府

増える一方の日本の借金。最後に被害を受けるのは国民である。

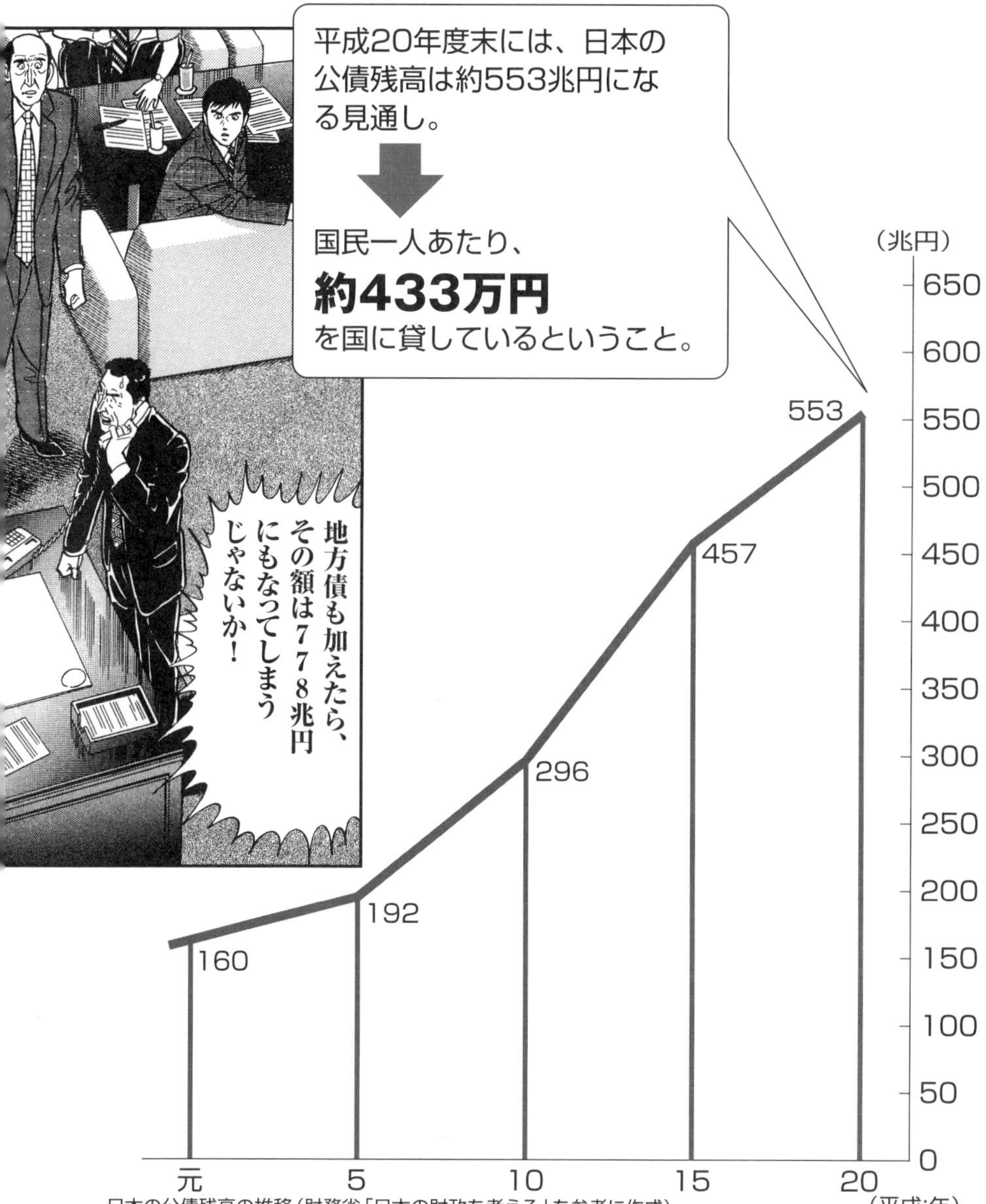

地方債も加えたら、その額は778兆円にもなってしまうじゃないか！
平成20年度末には、日本の公債残高は約553兆円になる見通し。
国民一人あたり、
約433万円
を国に貸しているということ。
（兆円）
650
600
550
500
450
400
350
300
250
200
150
100
50
0
160
192
296
457
553
元
5
10
15
20
（平成:年）

日本の公債残高の推移（財務省「日本の財政を考える」を参考に作成）

「マルクス経済学」を代表する書物

『資本論』概要

資本主義社会の経済法則を徹底的に分析し、その根本矛盾を究明して社会主義を科学的に基礎づけた不朽の古典。

(岩波書店版『資本論』より)

<全3巻>

・第1巻　1867年出版

・第2巻　1885年出版

・第3巻　1894年出版

※第2巻と第3巻はマルクスの死後、フリードリヒ・エンゲルスによって編集、出版された。

○その他の主な著作○

・『ユダヤ人問題によせて』

・『ヘーゲル法哲学批判序説』

・『経済学・哲学草稿』

・『ドイツ・イデオロギー』

・『共産党宣言』

・『経済学批判』

・『フランスの内乱』　など

第1章

マルクスは19世紀の格差社会を見ていた

どうだ島君
そろそろ
本社に戻らんか?
人事本部で
社員のリストラを行う
とうとう我々も
「派遣切り」を
せざるを
得なくなった

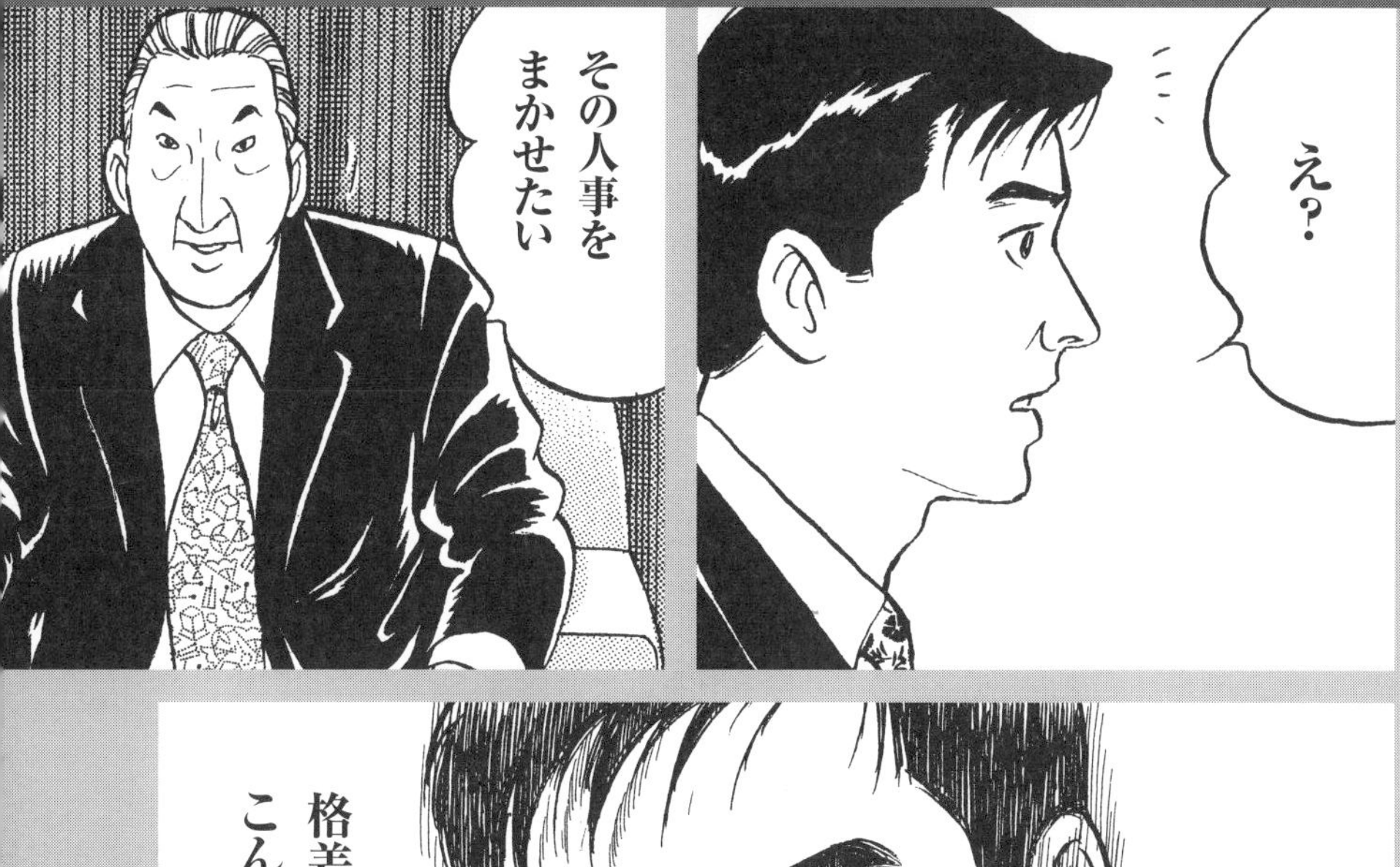

え？
その人事をまかせたい
格差社会はこんな身近にあったのか

NEXT

「格差社会」と「資本主義」にはつながりがある。

資本主義の始まりが、新たな格差を生んだ

マルクスが生きた19世紀の中頃のヨーロッパは、産業革命が本格的に進行し、大量生産・大量消費の時代になった社会である。それは、これまでの封建社会（貴族と農奴の関係）から、工場制（資本家と労働者の関係）という資本主義社会への移行を意味していた。

陽のあたる場所だけを見れば、この頃のヨーロッパは所得・生産など華々しい経済成長を体感できた。イギリスでは万国博覧会開催や鉄道旅行ブーム、デパートの発展など、社会全体に輝きが見える。だが、その一方、陰になった部分を凝視すると、貧困層が急激に増え、10年間で100万人を超える餓死者が出るほどの悲惨な状況があった。

工場制がもたらした資本家と労働者の関係は、これまで貴族が支配してきた階級社会から人々を解放したかのように見えた。だが、その実は一部の資本家だけが労働が生み出す利潤を搾取し、新たな格差の形態を作り出しただけだった。労働者は社会的保障など何もなく、ただ資本家のために利潤を生み出すだけの存在だ。一方、資本家は利潤を享受し放題。そんな非情な格差が蔓延していた時代だったのだ。

ようこそ、資本主義社会へ

資本家と労働者の間に格差が生まれた

低賃金のため、労働者は働いても働いても豊かになれなかった。

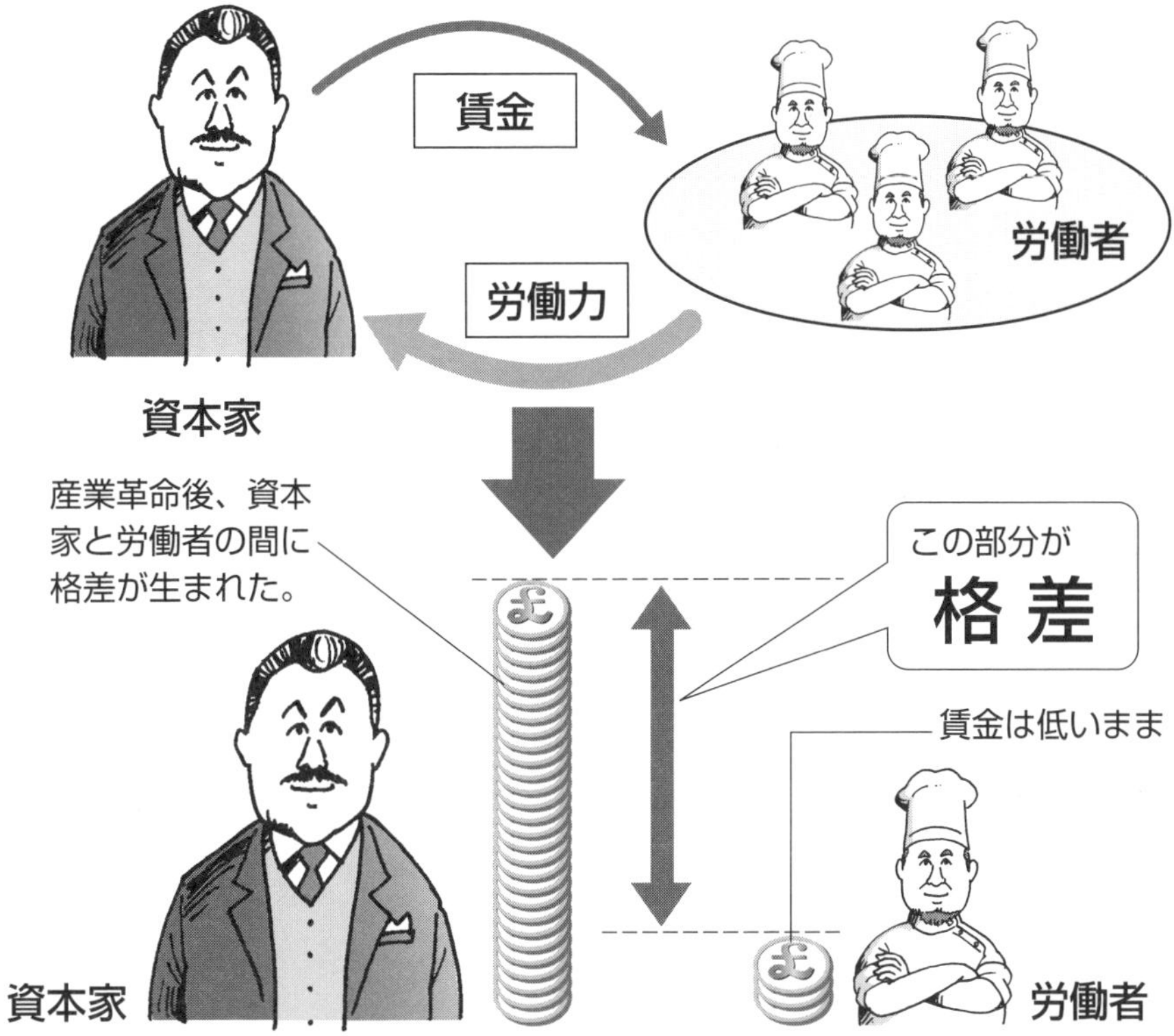

賃金
労働者
労働力
資本家
産業革命後、資本家と労働者の間に格差が生まれた。
この部分が
格 差
賃金は低いまま
資本家
労働者

よりみち
コラム

人の話を聞かなかったマルクス

困窮しながら階級闘争に一生を捧げたマルクス。その彼が模索した思想を顧みると、人格者像をイメージするだろう。しかし、論理的で明確だった『資本論』の思想とは裏腹に、わがままで自己中心的な性格を物語る話がたくさん残っている。

その一方、労働者たちには金銭を恵んだり、無料で講演をするなどしてとても好かれていた。天才はいつの時代も性格の「格差」が大きいらしい。

2つの「自由」が労働者をさらに苦しめた

「自由」な労働者を資本家が支配した

労働者は、仕事を選べるようになったが、労働条件はどれも厳しく、失業者も多かった。

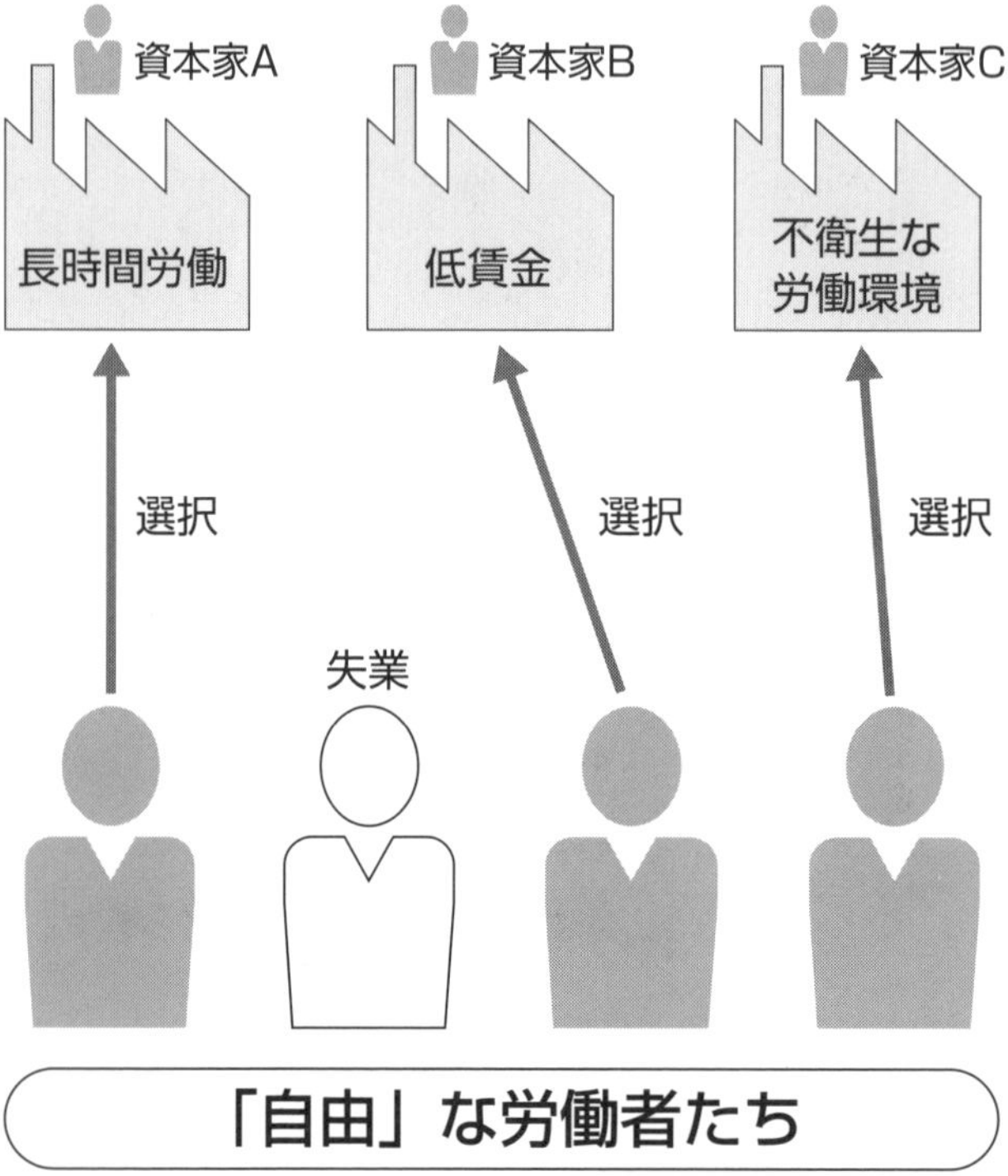

資本家A
長時間労働
資本家B
低賃金
資本家C
不衛生な
労働環境
選択
選択
選択
失業
「自由」な労働者たち

労働者となるためには「2つの自由」が必要だ。1つは、仕事を自由に選べることだ。産業革命以前は、領主と農奴の関係だったので、決められた仕事だけを奴隷のようにくり返す毎日だった。それが工場制になって、自分の意志で仕事を選ぶ「自由」が生まれた。

もう1つは、資本家と違って生産手段や収入源から解放されているという意味の「自由」だ。収入源がなく働く必要があるからこそ、労働者になるわけである。

すると、労働者は自分の力＝労働力だけが収入の元ということだ。つまり、資本家頼みの暮らしが生涯続く。資本家はそんな弱みにつけ込んで、安い賃金・劣悪な労働環境を与え、肥えていった。

自由にはなったけど、生活のつらさは変わらない……

「自由」を得た代わりに、すべてを失った労働者

封建制社会

農奴
- 領主に支配されていた
- 仕事を選ぶことはできなかった
- 土地や道具の所有権があった

→

資本主義社会

労働者
- 誰にも支配されていない
- 自ら仕事を選ぶことができる
- 土地や道具を持っていない

19世紀の労働条件はこれほど過酷なものだった!

- 月曜日から土曜日まで、週6日間働きっぱなしだった。
- 1日10時間以上の長時間労働を強いられた。
- 暗い工場など、劣悪な労働環境だった。
- 女性、児童も例外なく酷使された。
- 低賃金のため、生活は貧しいものだった。

産業革命によって、資本主義が徐々に姿を現し始めた

産業革命は18世紀頃イギリスで起きた

17～18世紀

- 毛織物工業の発展。
- マニュファクチュアの発展。
- 植民地の拡大によって、貿易などの市場も活発になった。
- 市民革命が起き、経済活動が自由に行えるようになった。
- 農業革命によって土地を失った農民が増え、労働力が溢れていた。
- 蒸気機関など様々な技術革新が進んだ。
- 鉄や石炭などの資源が豊富にあった。

18世紀後半～

これらすべてが重なり、
イギリス産業革命は起きた！
生産技術が機械化してゆき、それに伴って産業、経済が変化。
資本主義社会が発展していった。

イギリスで起きた産業革命はその他の国の産業革命を触発していった。

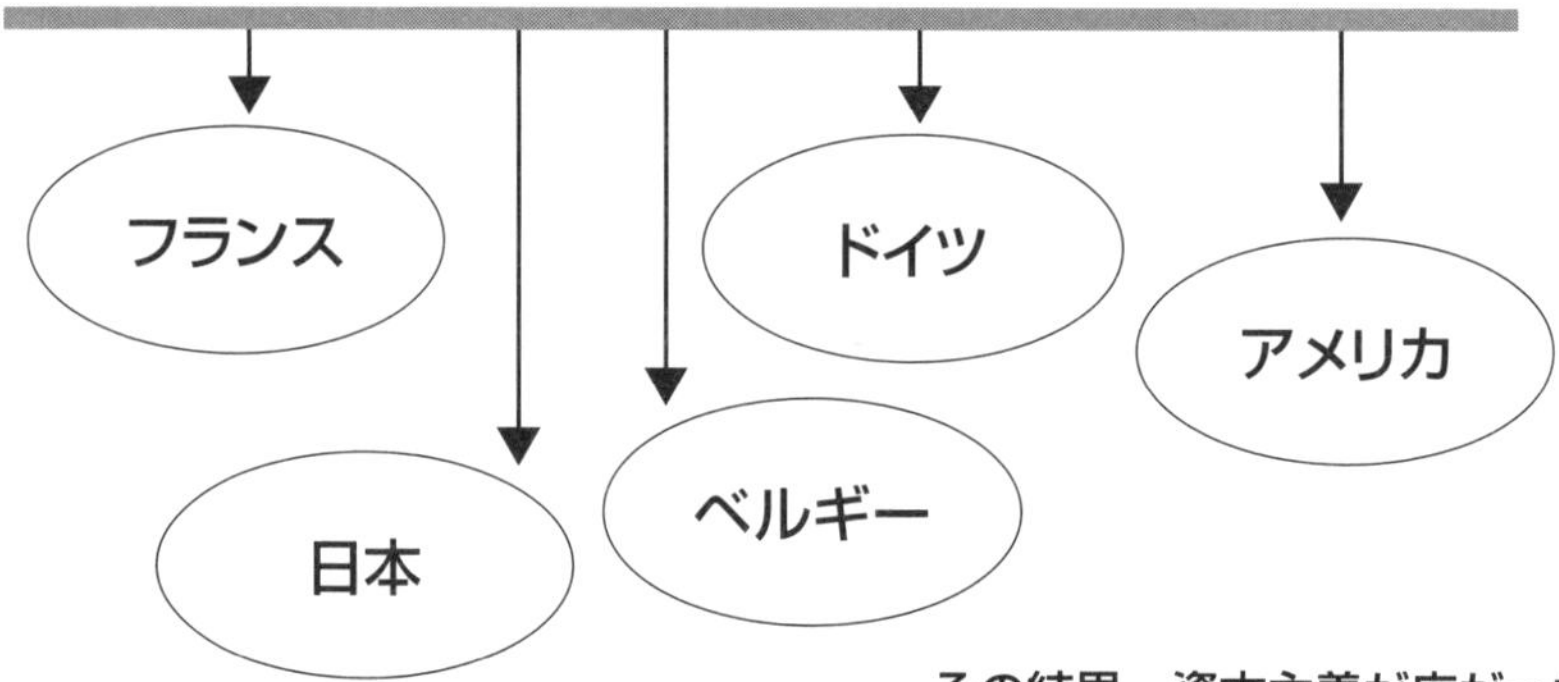
フランス
日本
ベルギー
ドイツ
アメリカ

その結果、資本主義が広がった。

産業革命によって社会構造が変化した

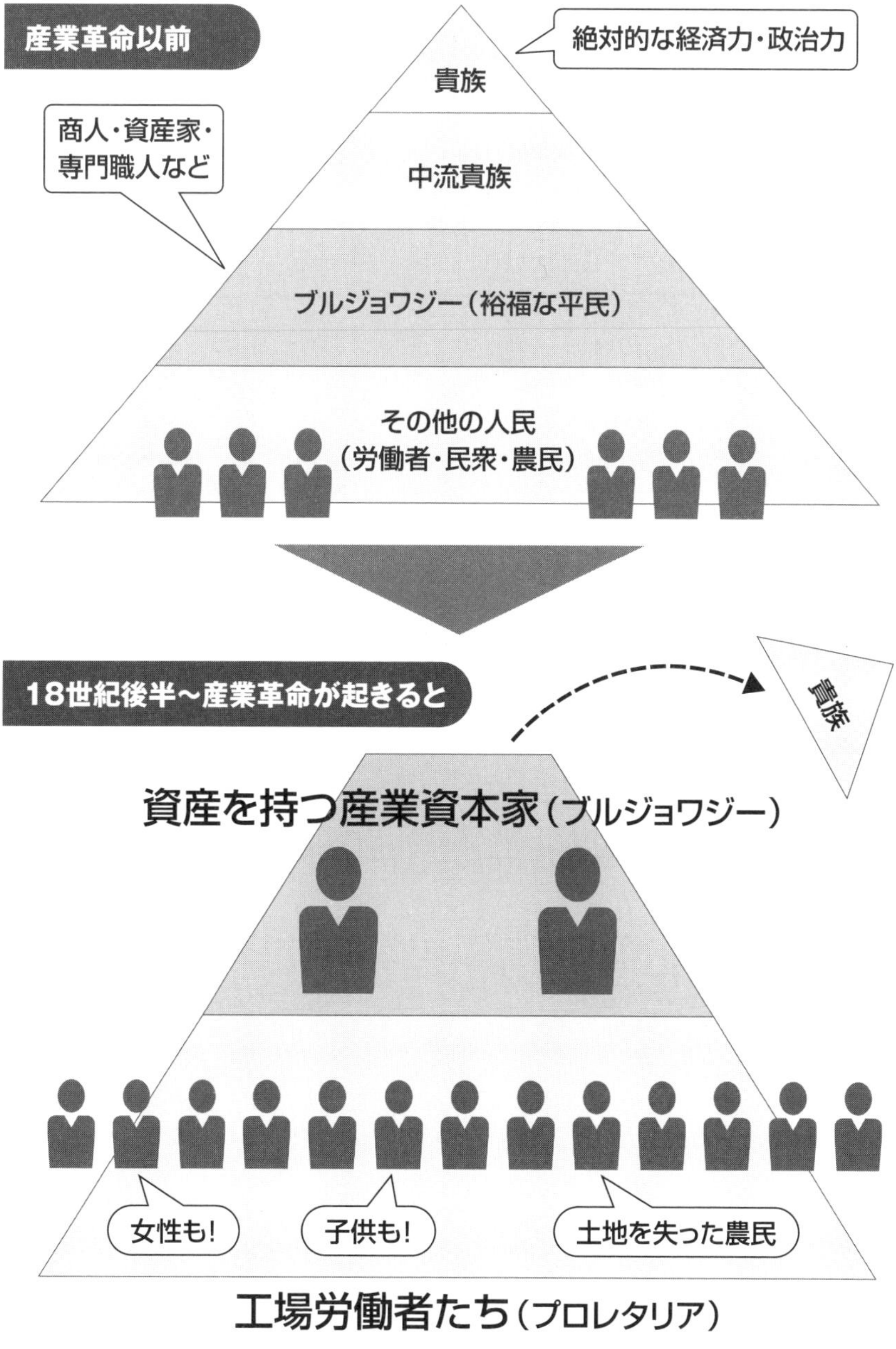
産業革命以前
絶対的な経済力・政治力
貴族
商人・資産家・
専門職人など
中流貴族
ブルジョワジー（裕福な平民）
その他の人民
（労働者・民衆・農民）
18世紀後半～産業革命が起きると
貴族
資産を持つ産業資本家（ブルジョワジー）
女性も!
子供も!
土地を失った農民
工場労働者たち（プロレタリア）

産業革命により、労働者の価値は小さくなった

産業革命により、工場の機械化が急速に進行した。生産の効率化は労働者の仕事を楽にする一面もあったが、作業が単純になった分、労働時間も増えた。つまり、生産が効率化した分だけ、労働時間を増やせば、資本家の取り分はさらに増える。機械化は労働者のためではなく、いかに多くの利潤を上げるかという目的だったのだ。

いくら利潤を上げても、資本家は労働環境を整備して快適に働けるようにするという発想はない。労働者はもはや、機械を動かすだけの便利な道具としてしか、資本家には映っていないからだ。特殊な技能も腕力も必要がないので、女性や子供を募集する求人広告も増えていった。それは、多くの労働者が「工場労働者（プロレタリア）」となることによる、新たな階級闘争の始まりでもあった。

機械化は、大量生産と大量消費を可能にした。そしてそれは、物価を急速に下げると同時に、労働者の賃金も急速に下げる効果があった。その結果、労働者自身の価値も急速に低下してしまったのだ。それでも、資本家だけは低下の影響を受けず、一層肥えていった。

産業革命がタイムレコーダーを生んだ

機械化した工場では、生産が計画的に行えるようになった。しかし、機械がきちんと動くには、労働者も機械に合わせて働く必要がある。そこで労働者を時間単位で管理するため、タイムレコーダーが登場する。

世界初のタイムレコーダーは、1871年にアメリカで発明された。これにより、労働者管理が便利になり、資本家たちはこぞってタイムレコーダーを導入した。

機械による効率化が労働者を苦しめた

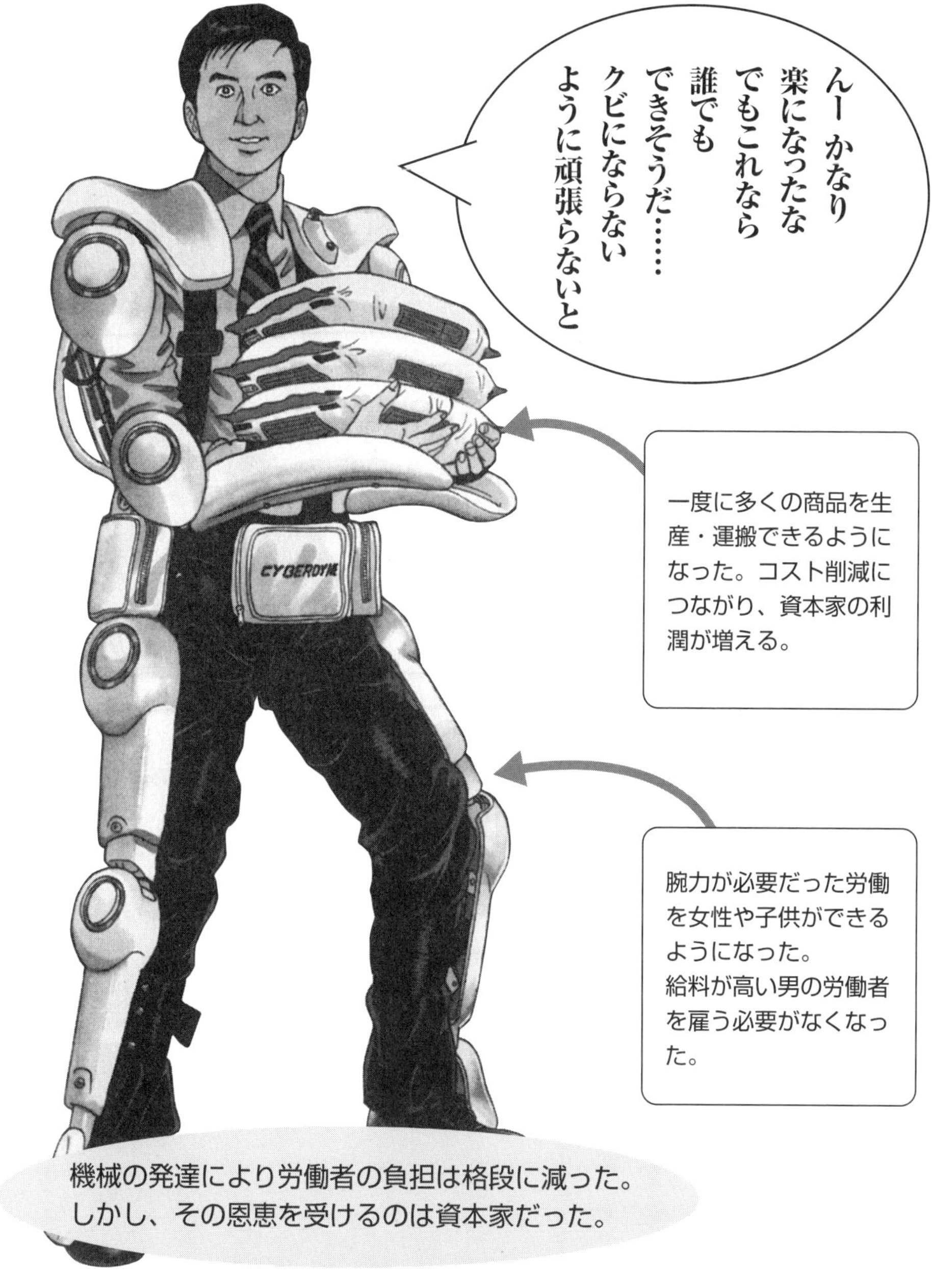
んー かなり楽になったな
でもこれなら誰でもできそうだ……

クビにならないように頑張らないと
一度に多くの商品を生産・運搬できるようになった。コスト削減につながり、資本家の利潤が増える。

腕力が必要だった労働を女性や子供ができるようになった。

給料が高い男の労働者を雇う必要がなくなった。

機械の発達により労働者の負担は格段に減った。

しかし、その恩恵を受けるのは資本家だった。

労働者とは「使用される人」のこと

「労働者」の条件は何か

労働基準法第9条では、労働者は、「職業の種類を問わず、事業又は事務所に使用される者で、賃金を支払われる者」と規定されている。

→つまり、働いているすべての人が「労働者」というわけではない。「使用される人」が労働者になる。

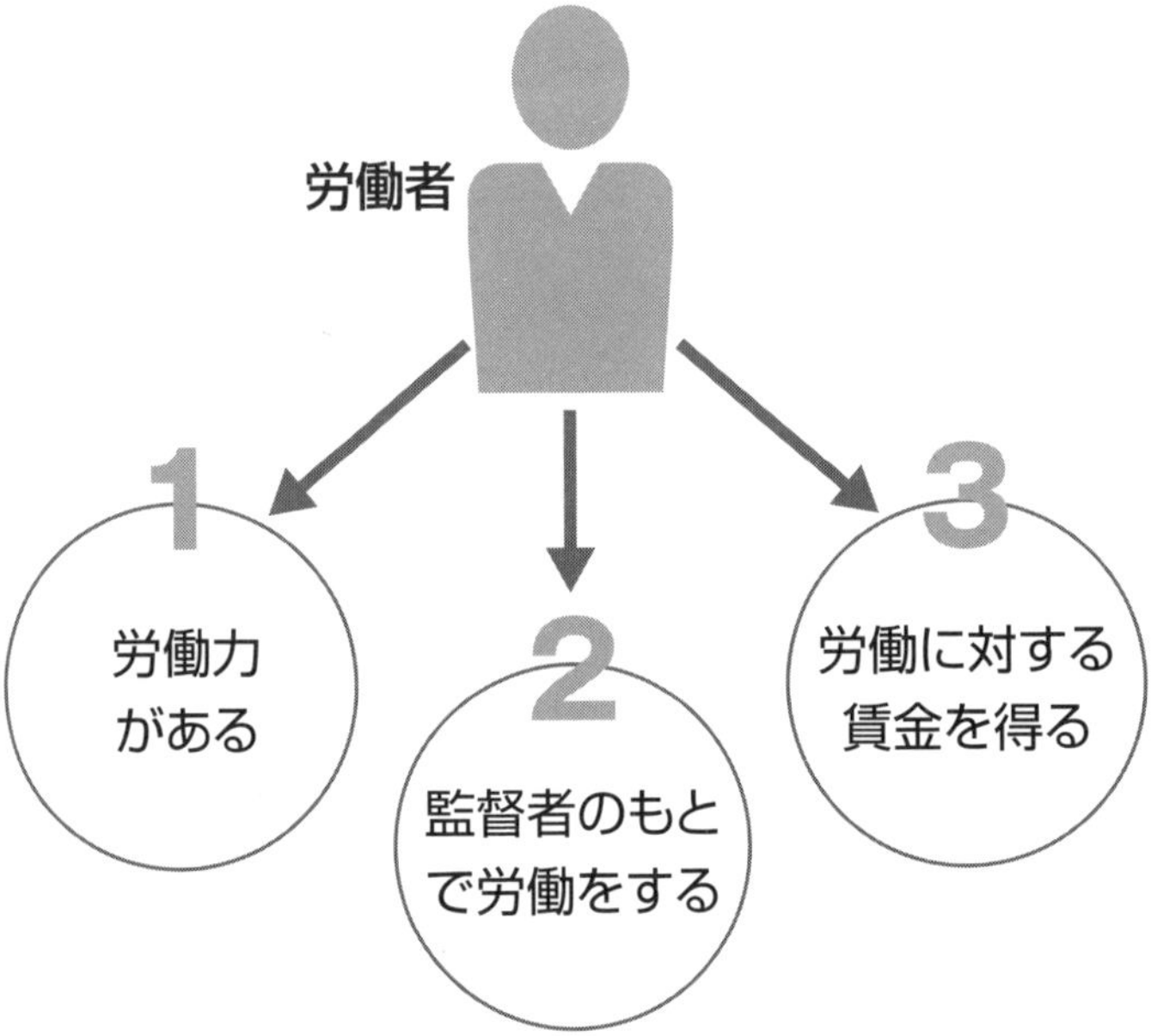
労働者
1
労働力がある
2
監督者のもとで労働をする
3
労働に対する賃金を得る

●「労働者」に当てはまらないケース

×非常勤の消防団員

×インターンシップや専門学校の実習生

×受刑者

雇用の形態には様々ある

雇用の形態は、正規雇用ではない場合や「出向」の形など、様々である。

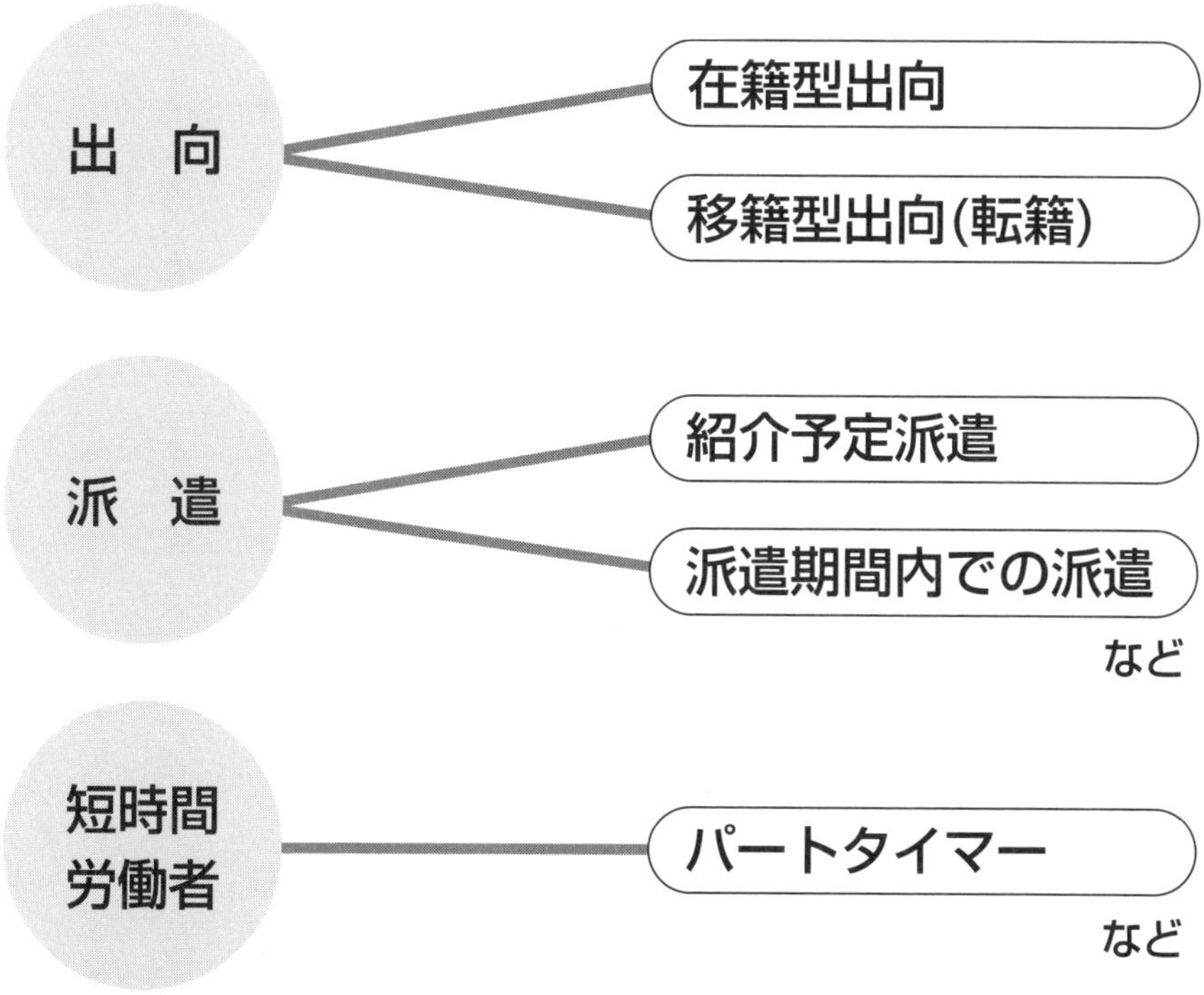
出 向
在籍型出向
移籍型出向(転籍)
派 遣
紹介予定派遣
派遣期間内での派遣
など
短時間労働者
パートタイマー
など

短時間労働者とは……

「1週間の所定労働時間が、同一の事業所に雇用される通常の労働者の1週間の所定労働時間に比べて短い労働者」をさす。

働いても働いても、豊かになれない社会システム

労働者は労働に費やした分だけ賃金をもらっていると思っている。しかし実際は賃金以上の生産物が工場で作られており、賃金以上の利潤は資本家の手に渡ってしまう。マルクスは『資本論』の中で、このような資本主義の根本的なしくみに異議を唱えたのだ。

マルクスは、労働力とは労働者が持っている商品であると言っている。つまり、労働者は労働力を資本家に売ることでその対価をもらっているのだから、賃金は労働力と等価でなければならないはずだ。しかし、実際は賃金以上のものは労働者の手には入らない。マルクスはこれが格差の元凶であり、これを資本家の「搾取」だと言った。

機械化で分業が進行した工場では「労働者に搾取の実態が見えにくい」ということをマルクスは指摘している。労働者には、一部の部品や製品しか見えない。全体の生産量が分からないので、資本家からもらっている賃金がすべての労働力の対価だと思ってしまう。だから搾取には気づかないのだ。資本主義である限り、資本家の搾取は永遠に続くこととなる。

よりみちコラム

植民地では、さらなる搾取が行われていた

生産性が上がり大量生産・大量消費が進むと、いずれ市場は収縮する。これを放置しておくと資本家の搾取量が減ってしまう。そこで資本主義システムを植民地に向けて輸出した。

植民地では「2つの自由」を持つ新たな労働者を作り、搾取する相手を増やした。これが植民地政策だ。イギリスは植民地に商館を作ることで搾取のシステムを築いた。香港やインドがその例だ。

資本家は、こうして搾取している!

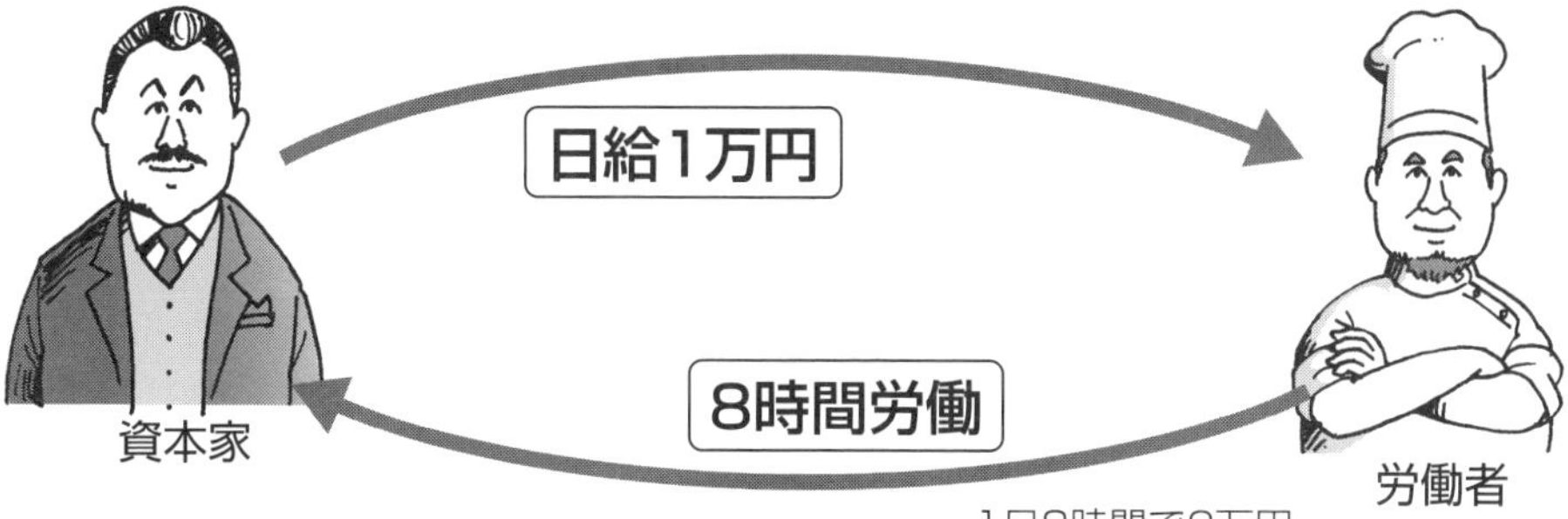
日給1万円
8時間労働
資本家
労働者

1日8時間で2万円分のパンを作った場合。

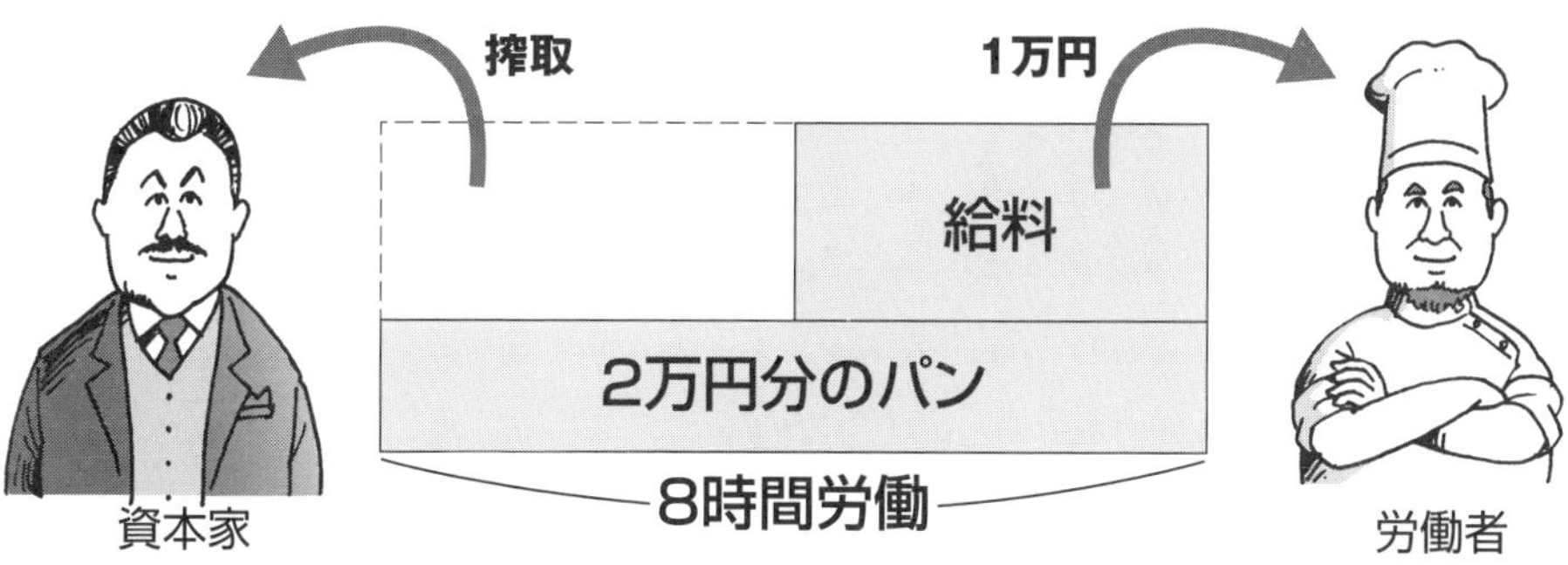
搾取
1万円
給料
2万円分のパン
8時間労働
資本家
労働者

実際に労働者に支払われるのは、実労働の半分の「4時間」分のみ！　そして、残業をするとさらに搾取されてしまう。

労働者が働いている間、資本家は何をしているのだろうか……。

19世紀イギリスの婦人たちは家庭内でも〝搾取〟されていた

婦人は〝二重の搾取〟を受けていた

家庭では、夫が資本家階級で、婦人が労働者階級を代表していた。

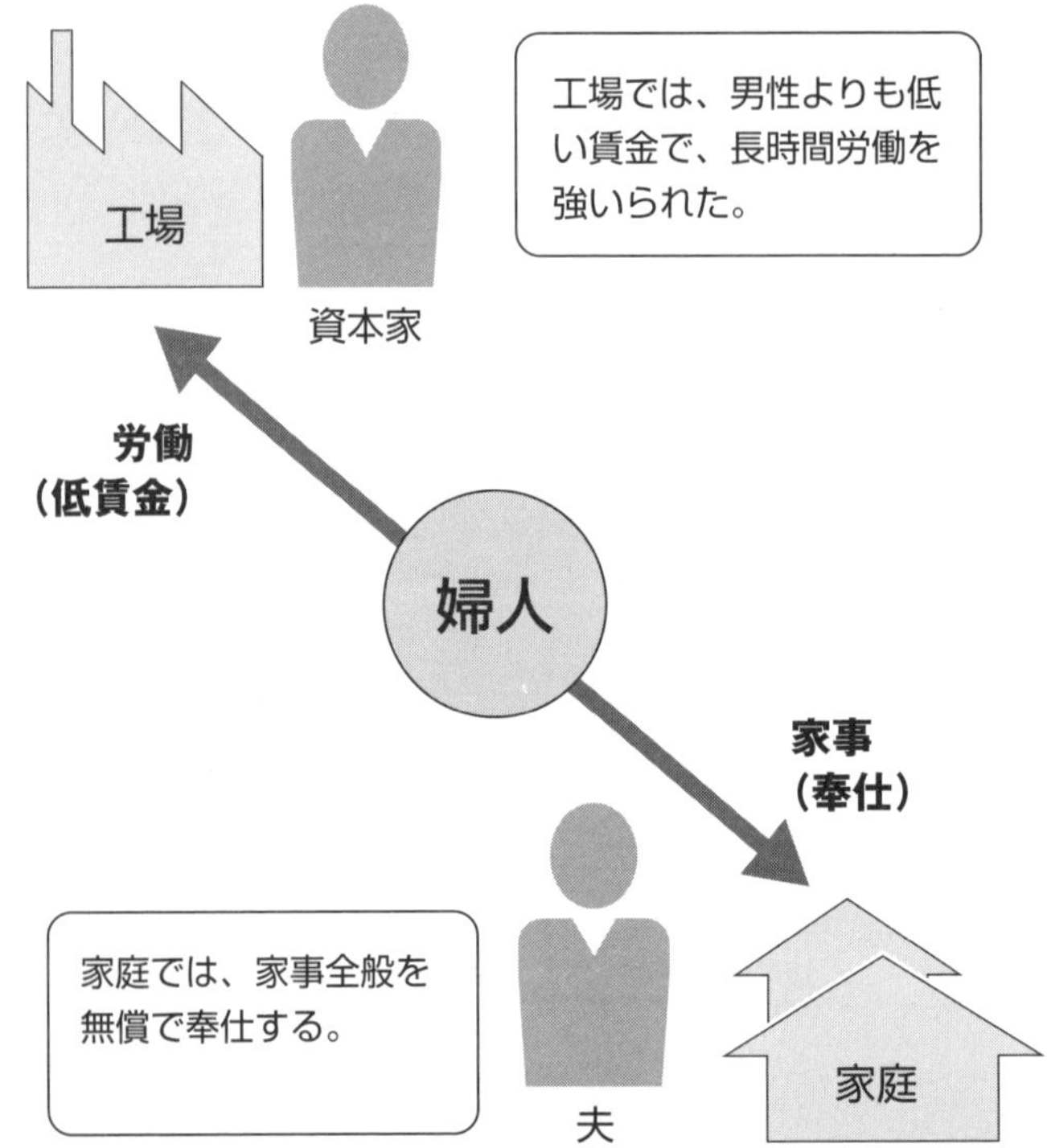
工場
資本家
工場では、男性よりも低い賃金で、長時間労働を強いられた。
労働
（低賃金）
婦人
家事
（奉仕）
家庭では、家事全般を無償で奉仕する。
夫
家庭

『資本論』以前は生産して賃金を得る「生産労働」しか見てこなかった。しかし、搾取の構造を分析した『資本論』を家事に当てはめると、女性が家庭内でも搾取されていることが理論的に証明できる。このことが判明すると、女性の家事を分析し、性差別を明らかにしようとする運動が起こった。マルクス主義フェミニズムの登場だ。

産業革命以降、女性も生産的労働に動員される。そして、男性以上に、工場内で搾取される。さらに、家庭に帰れば家事という労働が待っている。「家事は女がするもの」という偏見から、女性には二重の搾取が行われていることになる。つまり、女性は男性よりも下の階級にいたのだ。

資本主義が婦人の地位を低くしている

マルクスは私たちのことも考えていてくれたのね
マルクスは、資本主義社会が解体し、共産主義社会が実現することによって婦人も解放されると考えた。

ワンポイント!

フランス革命から戦い続けた婦人たち

自由・平等・同胞愛を掲げて成功したフランス革命だが、女性に参政権が与えられることはなかった。しかし、『資本論』が明らかにした搾取の構造を契機に、この頃から男女同権運動が盛り上がりを見せる。

1869年、アメリカのワイオミング州で世界初の女性参政権が誕生し、女性の社会的地位向上の成果となった。フランスは1944年、日本は1945年に女性参政権を獲得した。

立場の違いがあらゆる格差につながっていった

格差がさらなる格差を生んだ

資本主義社会では、世代が変わっても格差は変わらない。

資本家家庭の子供		労働者家庭の子供
裕福なので働く必要がない。	経済格差	生活苦のため働かなくてはならない。
しっかりと教育を受けることができる。	教育格差	働いているので、十分に教育を受けられない。
そのまま資本家階級になる。	経済格差	そのまま労働者階級になってしまう。
自分の子供にも、十分な教育を受けさせる。	教育格差	自分の子供も、働かなければならなくなる。

格差は変わらない

マルクスは、工場の機械化が進展すると「産業予備軍」と呼ばれる人々が生まれると言った。その意味は、機械による労働の自動化で労働者が余り、いつでも搾取できる人材が増えるということだ。現代にたとえるなら、正社員に比べて待遇の悪い派遣やパートタイマー、アルバイトという、格差人材に置き換えられるだろう。

一方、産業予備軍が増えることで雇用競争が起こる。すると安い賃金でもいいから働きたいと願う労働者が増える。つまり、資本家は搾取できる量が増える上、正社員をいつでも産業予備軍に置き換える自由を得たことになる。資本主義社会は、まさに格差を拡大するためのしくみだという分析だ。

労働者の間にも格差はある

労働者階級でも、比較的裕福な労働者もいれば、奴隷に近い待遇の労働者もいた。

労働貴族
大手企業や銀行などに勤める。労働者階級では、最高水準の給料を得ていた。

工業労働者
絹織物工、裁縫工などで、低い賃金により十分な栄養を取ることができず、病気になる人も多かった。

鉱山労働者
鉱山に建てられた小屋に大勢で住み、働く。トイレもなく、賃金から小屋代や水代が天引きになった。

農業労働者
農村で最低水準の賃金で働く労働者。労働隊と呼ばれるような、女性と児童が働かされていた。

現代のワーキングプアと同じような状態だな……

2つの顔を持つ男

フリードリヒ・エンゲルス

実業家と思想家 エンゲルスの2つの顔

綿紡績工場経営者の息子として裕福な家庭で育ったエンゲルスは、跡継ぎとなるためにドイツからイギリスのマンチェスターにある父の工場を訪れた。当時のマンチェスターは産業革命の中心地で、多くの労働者階級が溢れていた。彼は、貧困にあえぐ人々の姿を間近に見て衝撃を受ける。

行動的で社交的、そして好奇心が強いエンゲルスは、昼間は実業家として、夜は労働者街とスラムを訪問して取材と調査を進めた。このときの研究が、『イギリスにおける労働者階級の状態』という著書となってマルクスに高く評価され、二人は強い絆を育む。エンゲルスは資本家の立場にありながら、マルクスと共に階級闘争への視点を常に持ち続けたのである。

マルクスのすべてを知る男

晩年のエンゲルス

エンゲルスなしでは完成しなかった『資本論』

1844年8月、マルクスは一人の若者が訪ねてくるのを待っていた。その人こそ、24歳のエンゲルスだった。彼は、マルクスが編集していた『独仏年誌』に古典派経済学を否定的に論じた文章を投稿しており、マルクスはそれに感銘を受けていたのだ。このときの論文がマルクスを経済学に没頭させる理由のひとつとなったほどだ。

マルクスに会ったエンゲルスは、マルクスを天才だと直感し、生涯を分かち合う親友となる。そして、マルクスに経済と政治に関する思想をまとめさせることを天の啓示と受け止め、資本家としての知識はもちろん、財政的な援助も与え続けた。そのメモの集大成が『資本論』である。エンゲルスの力がなければ完成し得なかった世紀の著書だ。

資本主義を丸裸にした超大作

『資本論』全3巻

『資本論』で、資本主義を徹底的に分析した

マルクスが、生涯の友・エンゲルスを得たことは、『資本論』を完成させる大きな糧となった。それは財政面での援助ばかりでなく、エンゲルスの生まれ持った資質、資本家として資本のしくみに造詣が深かったことだ。

マルクスは労働者でもなく資本家でもなかった。だから、エンゲルスの資本家としての視点を参考に、労働者を観察することで資本主義経済を客観的に考察することができた。そして20年以上の歳月をかけて第1巻が完成する。

『資本論』は資本主義社会が内包する矛盾を科学的に分析したことで高く評価されたが、完結しないいままマルクスはこの世を去る。その後をエンゲルスが引き継ぎ、全3巻の『資本論』が世に出た。

第2章

マルクスは価値と貨幣の関係を明らかにした

そこのバゲットサンドを2本下さい
私……ちょっと分からなくなっちゃった
え？……何が？
モグモグ
5ユーロあればこんなにおいしいバゲットが食べられるでしょ？でも一歩ユーロ圏を出るとただの紙になっちゃう
結局人は「お金」ってものに振り回されるのよね……

そうだね　でもはじめから紙幣があったわけじゃなくて
大昔は物々交換だったからもっと振り回されていたと思うよかの有名な『資本論』にも書いてあった貨幣は商品の……

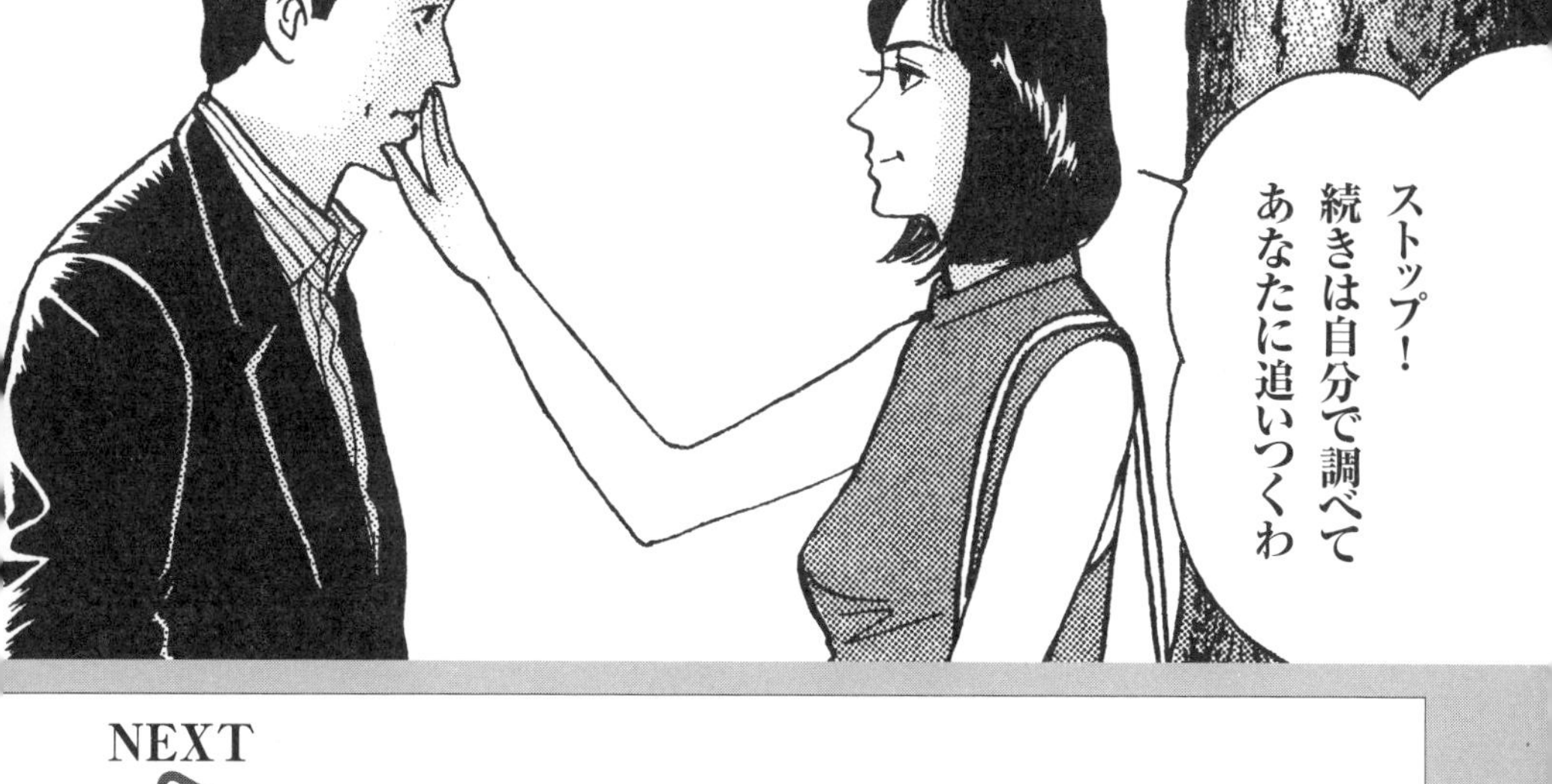
ストップ！続きは自分で調べてあなたに追いつくわ

NEXT

なぜお金（貨幣）は生まれたのか。

商品には、使用価値と交換価値の2つの価値がある

人々は富を得るために生活している。その象徴となるものが「商品」だ。マルクスは、この商品の価値を分析することで、資本主義経済の詳細を明らかにできると考えた。その結果、資本主義は必然的に収束していき、世界はやがて社会主義に転化していくはず……マルクスはこれを『資本論』の中で論証しようとしたのだ。

マルクスは、商品には人々の欲望を満たす力があることに注目した。たとえばテレビは、最新のニュースを知ることができる上、娯楽としても役立つ。マルクスはこれを、商品の「使用価値」と呼んだ。また、使用価値がある商品は、他の商品と交換できる価値を持っていると考えた。商品は自分のためではなく、欲しいものと交換するために作るからだ。これを「交換価値」と呼ぶ。

社会的分業が進んでいる社会では、一人でテレビを作るわけではない。だからこそ、交換が必要になる。商品は、常に「使用価値」「交換価値」という二面性を持つ。これが『資本論』の入り口であり、大切な概念となる。

自給自足から経済は生まれない

家の庭で野菜を作り、家族で消費する場合、野菜を商品と呼ぶことはない。このように、自分で使うための野菜はただの「物」として見る。この野菜を、隣の家の人が欲しいと言ってきたとする。野菜の栽培には労力がかかるので、隣の人が釣ってきた魚と交換するのならＯＫと答え、隣の人も了承する。このとき、両者の持っている野菜と魚は商品となる。単純な商品経済が始まった瞬間だ。

テレビが買われるには、理由がある

テレビは、最新の情報を手に入れることができる。＜使用価値＞

NEWS12
臨時のニュースが入りました

テレビを作るには、時間もお金もかかる。＜交換価値＞

自分で作ろうとしても作れるものではない

パンの「使用価値」は、食べれば満たされるということ

パンを作って他の人に手渡そうとしたとき、このパンは「商品」と呼ばれるようになる。そして、商品として生まれたパンは、2つの性格（属性）を必然的に持つことになる。

1つは、パンは自分のために作っているのではなく、他人に手渡されることを前提として作っていること。2つめは、作ったパンが交換によって（多くの場合は貨幣を媒介にして）相手の手に渡るということだ。

パンを手に入れたいと思うのは、「空腹を満たしたい」という欲求があるからだ。これがパンの使用価値となる。さらに「おいしいと評判が高い」「すぐに食べられる」「サンドイッチを作りたい」などなど、プラスαの使用価値が付加され、「このパンが欲しい」という限定した欲求を加速させる。パンを欲する人が、パンに多大な「使用価値」を認めているからこそ、自分のものにしたいと強く思うのだ。

パンに使用価値が生まれたとき、パンを作った人は、自分の労働が正しく評価されたということになる。素材を吟味したり、おいしいパン作りの製法を学んだりすることで、商品の使用価値が増加したのだ。

マルクスはパンが買えない時期があった

『資本論』を執筆していた頃、ロンドンのソーホー地区にあるディーン街で暮らしていたマルクス。当時、アメリカから始まった大恐慌の影響でマルクスは困窮していた。ツケの回収にパン屋が家に押しかけ、「もうパンは配達できない」と宣言されてしまうほど。ディーン街を追い出された後、毎日のように借金取りがやってくる。そんな輩《やから》を、「飢えた狼たち」と評した友人宛ての手紙が残っている。

パンの「使用価値」が生まれるまで

1
労 働
2
労 働
3
労 働
○○パン
4
労 働
パン
5
パンの使用価値
・お腹がいっぱいになること
・おいしいこと
など

1～3の労働によってパンの使用価値は生み出され、4で商品として売られる。5で使用価値が発揮（消費）される。

パンの「交換価値」は、他のものと交換できること

パンを作ろうとしたとき、小麦粉をこねたり焼いたりする労働が必要となる。では、何のために労働するのか？　それは、パンを自分の欲しいものと交換するためだ。

交換されるものは、パンと同等の価値の商品でなければならない。2つの商品に釣り合う価値があるからこそ、どちらかが一方的に損することなく、交換が成立するのだ。その価値を計る尺度は何かということを考えたとき、商品に投下された「労働量」だとマルクスは気づいた。

たとえば、パンを作るには数種類の労働を介さなければならない。小麦栽培農家→小麦粉生産工場→流通→パン屋……。1個のパンの中には、いくつもの質の異なる労働が投下されていることになる。しかし交換される労働は均質でなければならない。すなわち具体的な労働は消滅しなければならない。この均質な労働を、マルクスは「抽象的人間的労働」と呼んだ。そして、富の象徴である商品の価値を研究することで、資本主義のしくみや謎が明らかになると考えたのだ。

形のない商品にも交換価値はある

交換価値のある商品は、パンや服などのように目に見えたり、手にしたりできるものだけではない。たとえば、心を揺り動かす「感動」も商品となる。歌手のコンサートや映画、観光旅行などには、多くの時間や大勢の労力を必要とする。

このように現物は手元に残らないが、気持ちがよくなったり、充足感を得られたりする価値を作り出す行為を、経済用語では「サービス」と呼んでいる。

パンの「交換価値」が生まれるしくみ

商品が交換されるということは、その商品の交換価値を認められたということになる。

交　換
商品にかかったいろいろな手間や時間の全体的な要素が、商品の交換価値を生む。
○○パン
パン
¥300
交換はさらなる交換へつながる。
注意
価値≠価格
価格は後から付けられたもので、価値を表しているわけではない。価値とは商品ができた時点でできあがっているもの。
このお金で魚を買おうかな

大昔の「物々交換」が、経済の始まりだった

海の近くに住んでいる人は魚を手に入れることができる。山に住んでいる人は、動物の肉や木の実などを手に入れることができる。これらを物々交換することで、経済が始まった。

しかし、嵐が続くと漁ができなくなり、魚の収穫量が減る。また干ばつが続くと作物が穫れなくなり、野菜の収穫量が減る。このように商品は、数や質が常に変動するので、「魚3匹＝果物3個」というように一定の数や質の交換比率を保つのは不可能だ。

交換比率の基準となるものが「交換価値」だ。自分が所有している商品（労働量）と相手の商品を比較したとき、「交換価値」に至らない場合は交換が決裂する。相手がいくら「交換価値がある」と力説しても、納得できる価値がなければ商品を交換することはできない。

現実の資本主義社会では、商品は価格となって価値を決定している。ゆえに、商品単体に価値を見出すことはできない。これをおかしいと感じたマルクスは、「交換価値とは、他の商品の使用価値で表現したもの」と主張。価値は個々の商品に内在するとして、問題提起したのだ。

「わらしべ長者」はおとぎ話ではなかった

「わらしべ長者」は、ワラを元に物々交換で長者になる話だが、これを現代で実践したのはカイル・マクドナルド氏。彼は、ネット上で赤いペーパークリップと何かの交換を希望。すると魚の形のペンとなり、その後、ドアノブ→キャンプストーブ→発電機→パーティーセット→スノーモービル……。最終的にはカナダのキプリングという町の家を獲得。まさに現代版わらしべ長者と言えよう。

売り手と買い手では、視点が全く異なる

売り手は商品の「交換価値」を考えながら作り、買い手は商品の「使用価値」を考えて買う。

10万円くらいで売ろう!
あるととってとも便利だなあ
テレビ
交換価値
使用価値
売り手
買い手

やはりプラズマか……

売り手は消費者（買い手）にもなる。それぞれの価値の判断基準は違うが、どこかで妥協点を見出す必要がある。

一般的等価物は、経済活動をスムーズにする

交換経済が成立しないこともある

どちらか片方でも、自分の商品にかかった労力（交換価値）に対して、相手の商品（使用価値）が見合わないと判断すると、交換は成立しない。

小麦を作るのは大変だったから、とうもろこし4本じゃ足りないよ
小麦粉 500g
交渉決裂
とうもろこし4本
500gもらえればOKだな

交換価値があり、使用価値に満足すれば物々交換はスムーズに成立するが、どちらか一方が釣り合わないと感じると成立しない。

この両者の思いのズレを修正するためには小麦粉ととうもろこしの価値を第三の物と比較する必要がある。たとえば、米1kgはとうもろこし4本、または小麦粉500gの使用価値と合致したとすると、米が物の価値のものさしとなり、必然的にとうもろこしと小麦粉の交換価値と使用価値が合致する。このように、ものさしとなるもの（この場合は米）を「等価形態（一般的等価物）」、米を基準にして計られる側にあるものを「相対的価値形態」と呼ぶ。後に、この考え方が貨幣への橋渡し役となる。

1つの商品の使用価値がものさしになる

《Xkgのお米の交換価値を計るとき》

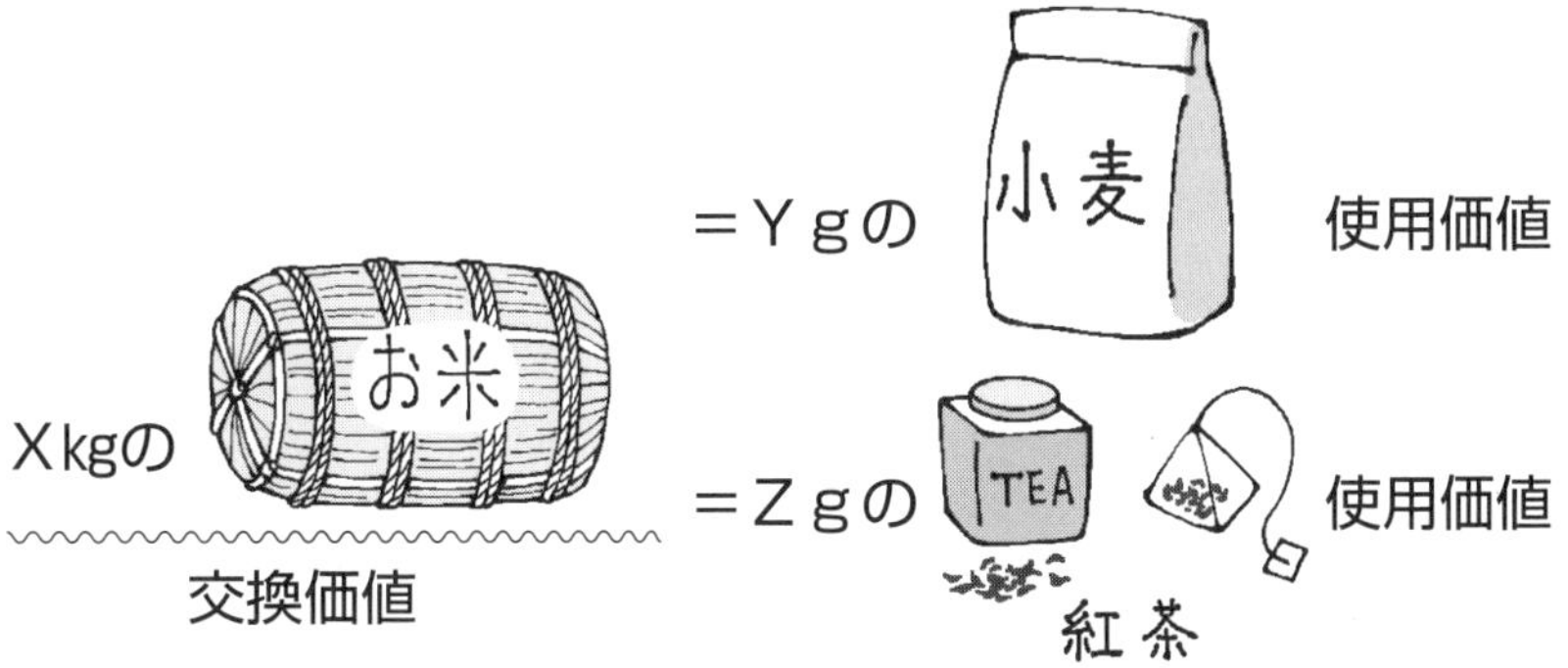
＝Ｙｇの
小麦
使用価値
お米
Xkgの
＝Ｚｇの
TEA
使用価値
交換価値
紅茶

※この時、Xkgのお米に対するＹｇの小麦、Xkgのお米に対するＺｇの紅茶をそれぞれ計っているので、Ｙｇの小麦≠Ｚｇの紅茶。

しかし、ものさしがあると…

Xkgのお米と交換するなら…… ? ｇかな！ というように計るので、

1つの商品の使用価値から、他の商品を一般的に計ることができる。

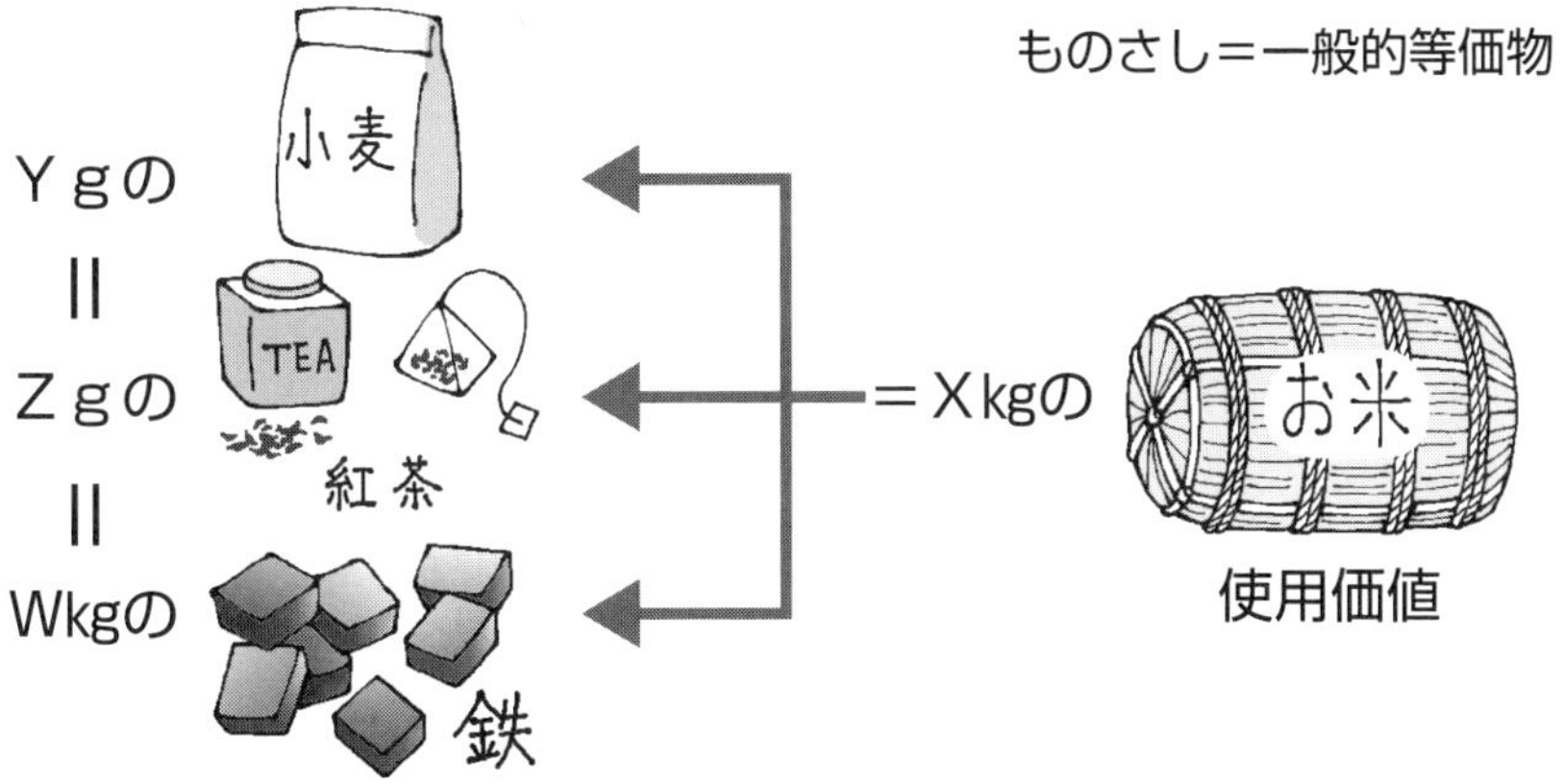
ものさし＝一般的等価物
Ｙｇの
小麦
＝
TEA
Ｚｇの
紅茶
＝
Wkgの
鉄
＝Xkgの
お米
使用価値

一般的等価物を経由して見ると、交換価値が等しいことが分かる。

貨幣は、すべての商品の価値の量を計るものさしになる

一般的等価物の存在は、すべての商品を手に入れることを可能にした。海辺の村に足を運ばなくても、一般的等価物を媒介することで魚を間接的に交換できるという具合だ。

狭い世界では、一般的等価物が米や牛乳であっても、複数の商品と交換することができた。ところが、外国など広い世界を相手に商品交換を求めたとき、文化や風土が育んだ価値観の壁が立ちはだかり、これまでの一般的等価物では使用価値と交換価値が合致しない場合がある。また、物々交換を原則にすると、持ち運びなどで不便が生じた。

このような交換経済のデメリットを解消したのが貴金属だ。手軽に扱える上、金《きん》などの貴金属は世界に共通する価値があった。そこで、貴金属は持ち運べる一般的等価物として急速に普及する。これが貨幣という概念の始まりとなった。

貨幣概念の登場は、後に人々の欲望を無限に広げることになる。貨幣はあらゆる商品と結ぶことができるからだ。これに神秘的な力を感じ、人々は魅了されていくことになる。

貨幣以外の「交換」の媒介物があった

物々交換を効率よく行おうとしたのが貨幣という概念の始まりだが、それは国や民族によって大きく異なる。つまり、価値があると双方が認めれば、何でも代替交換ができるしくみが作られていった。たとえば貝や布、家畜、石などがそうだ。これらを物品貨幣という。貨幣を元にした交換経済が各地に広まると、やがて不変的な形を保つと同時に、希少性がある銅や銀、金に変わっていった。

貨幣は時に人を魅了する力がある

貨幣の万能の力を崇拝し、貨幣に神が宿っているかのごとく、その魅力にとりつかれてしまう。貨幣さえあれば、どんな富でも引き寄せることができると勘違いするのは、資本主義の魔力か。

貨幣が持つ物神的な性格（フェティシズム）

貨幣は、すべての商品の価値を「価格」として表現することができる。しかし貨幣の実態は「一般的等価物として便利だから」という程度の媒介役に過ぎず、その本質は他の商品と変わらないはずだ。

ところが貨幣は、すべての商品価値を計ることができるので、万能の力があると思われてしまう。だからこそ、常に富を得ようとする人は貨幣にすがり、貨幣＝無限の富という幻想を抱くのだ。これを貨幣の物神的性格と呼ぶ。貨幣は最も完成された商品ではあるが、一般的等価物に過ぎないという実態を忘れてはならない。

金が貨幣として使われた3つの理由

広い世界で物々交換が盛んになると、容易に持ち運びができ、誰にでもその価値を認めてもらえるものが一般的等価物となった。最初は貝などの物品貨幣（P.56参照）だったが、やがて貴金属の鋳造物が貨幣として流通するようになる。その中でも金は、世界的に共通で価値あるものと見られていたため、貨幣としての機能を急速に拡大していった。

金が貨幣として利用されたのには3つの理由がある。1つは、金属は安定した物質で、米や牛乳などとは違い、腐ることがないからだ。2つめは、鋳造できるので持ち運びが楽にできるよう、加工することが可能だということ。3つめは、金は希少性があり、価値も高いことが広く認められていたからだ。これには、少ない量で複数の商品と交換できるという利便性も付加された。

これらの3つの理由は、金の使用価値を語っている。しかし、金は加工されることで、装飾品や電子部品などに利用でき、貨幣として使う以外にも、使用価値がある（P.59参照）。また、希少性ゆえに貨幣が神秘的な性格を持つことにもつながった（P.57参照）。

貨幣・財産・買い物の漢字の由来

財産や売買、貯蓄など、お金に関する漢字には貝が付くことが多い。これは大昔の中国の貨幣が、貝だったことの名残だ。アフリカやインド、熱帯の島々でも貝が貨幣の代わりをしていた。主に使われていたのが、宝貝の仲間のキイロタカラガイだ。これは個々の形や模様が一様で個体差があまりない、美しく壊れにくい、小型で持ち運びに便利など、現代の貨幣と同じ特徴を持つ。

商品としての「金」の使用価値もある

1 ピカピカとした光沢があり、**装飾品**として使える。

金メダル　金屏風　王冠

2 酸化しにくく、腐らない性質なので、
メッキとして使える。

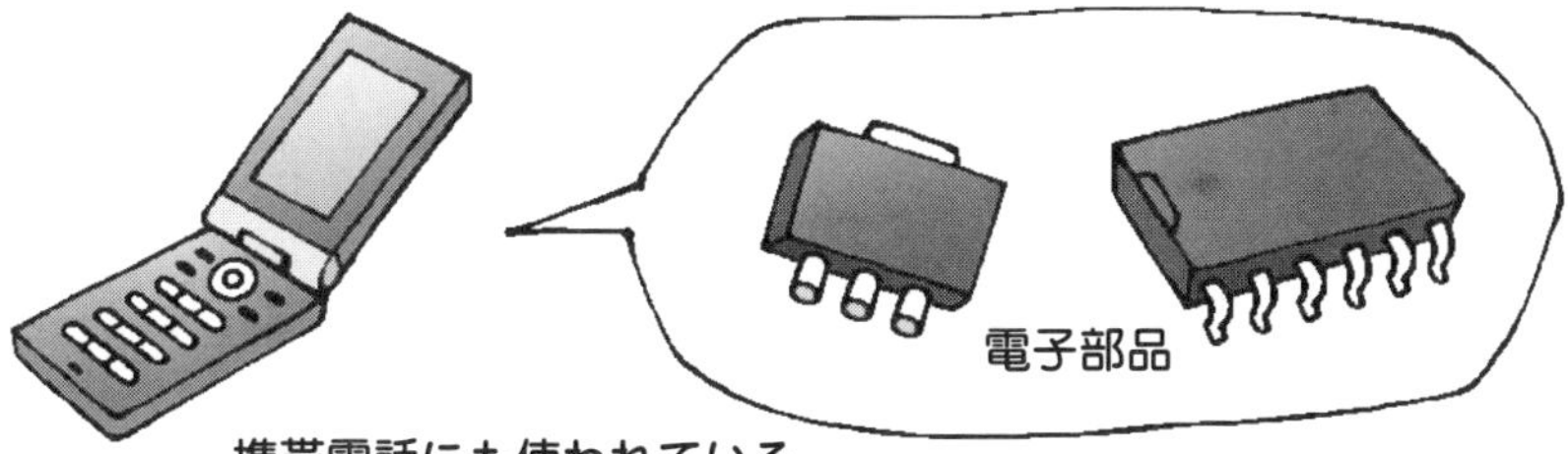

携帯電話にも使われている。

3 発見されにくい貴重な金属なので、高価である。
（＝交換のときに便利！）

貨幣の誕生から現在のお札になるまでには長い歳月がかかった

貨幣が紙幣に落ち着くまで

貨幣の歴史は物品貨幣から始まった。

物品貨幣

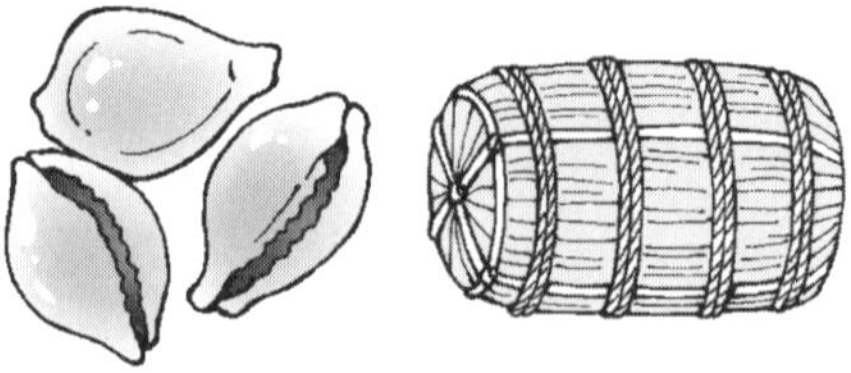

貝殻や石などの自然貨幣の他、家畜や穀物などの商品貨幣があった。

金属貨幣

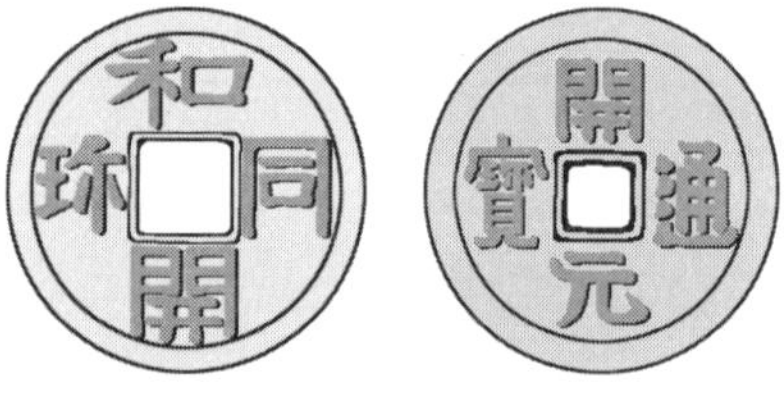

希少性や耐久性、価値を認められる安定性などから、貴金属は貨幣として定着。

兌《だ》換《かん》紙幣

日本最古の紙幣「山田羽書」

銀行の誕生によって、貴金属の預り証から、紙幣へと発展したもの。

不換紙幣(信用貨幣)

20世紀、第１次世界大戦後の世界恐慌をきっかけに、各国が国家制度として信用を基礎に発行した紙幣。

明治4年（1871年）、「円」は日本に誕生した

708年 日本最古の通貨「和同開珎」が発行された。

1600年頃 日本最古の紙幣
「山田羽書」が発行された。

1871年 明治4年　新貨条例の制定により、通貨単位が
「両・文」➡「円・銭・厘」へ移行。

円の誕生

1885年 日本銀行券（兌換銀行券）の
発行が開始された。

1897年、貨幣法が制定されたことによって金本位制が確立され、兌換の対象が銀から金へと変わった。その後30年程経ち、1931年に金貨兌換が停止され、不換紙幣による管理通貨制度へと変更していった（1942年、旧日本銀行法の制定）。1997年には、その日本銀行法が全面的に改正された。

貨幣は経済の活動をスムーズにする働きがある

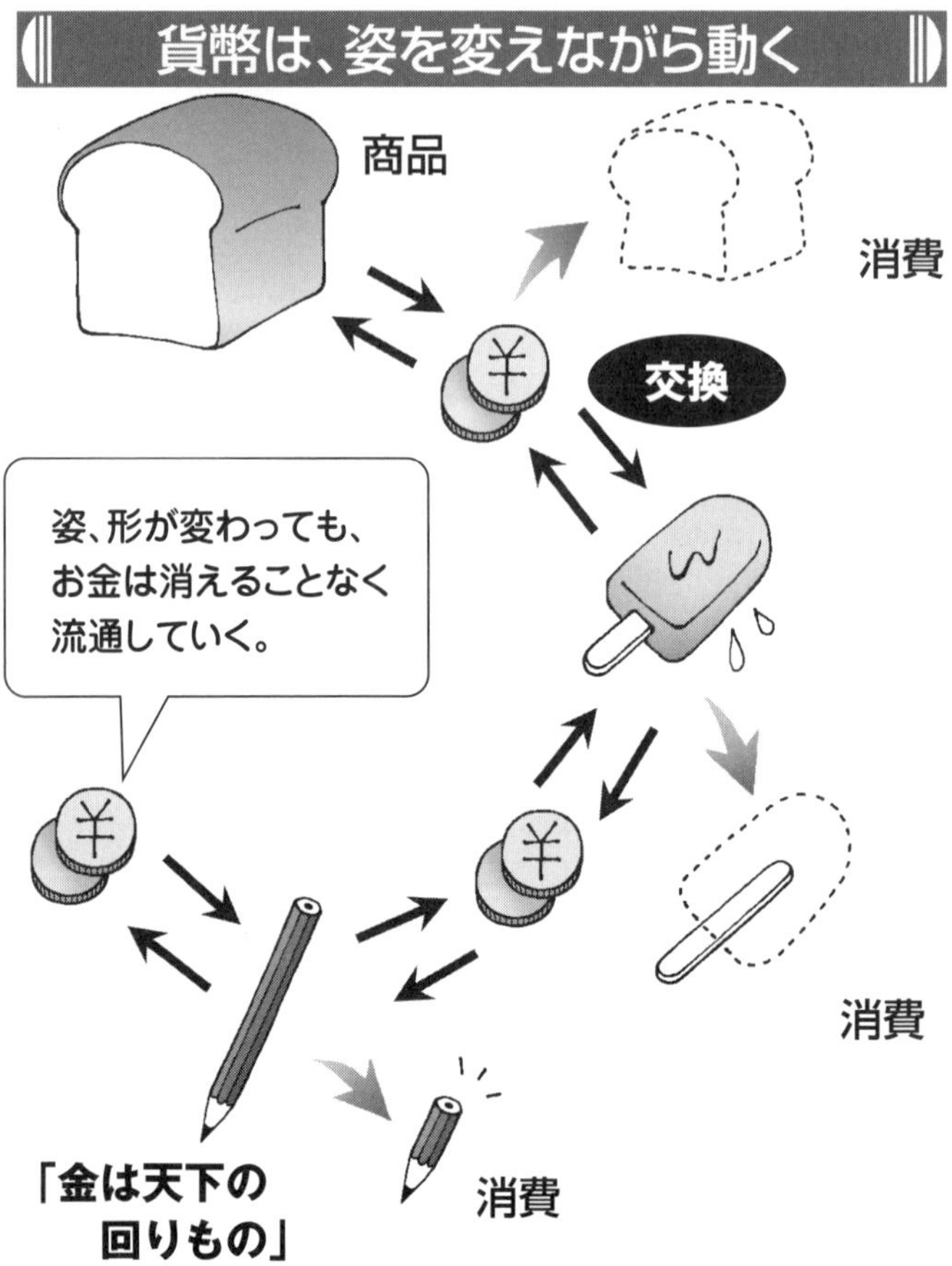
貨幣は、姿を変えながら動く
商品
消費
交換
姿、形が変わっても、お金は消えることなく流通していく。
消費
「金は天下の回りもの」
消費

商品は貨幣を媒介にして交換されていく。このとき、消費によって商品は消滅していくが、貨幣は消えることなく流通していく。貨幣が豊富に流通する社会は商品の動きも活発になるので、景気上昇を意味する。

マルクスは、商品と貨幣の関係を「変態（メタモルフォーゼ）」と呼び、「W―G―W」という等式で表した。Wは商品（Ware）、Gは貨幣（Geld）を意味する。たとえば、パンが売れて貨幣が手に入る。これが最初の変態だ。そしてパンを得た貨幣でアイスクリームを手に入れる。これが第2の変態。最初のパンと貨幣、次の貨幣とアイスは独立した関係に分かれるのだ。

流通する貨幣が減ると不景気になる

申し訳ありません
消費の冷え込みがひどく
在庫処分に追われております

景気が悪くなると物が売れなくなる。
経済全体の貨幣の流れが悪くなる。

よりみち
コラム

商品変態の中にある恐慌の可能性

資本主義社会における「恐慌」の概念を明確に説いたのはマルクスだった。貨幣は売買を媒介する一般的等価物だ。商品は原則全部売れるとすると、売買は均衡するはずだ。しかし、商品の作り過ぎ・売れ残りが起こると均衡は崩れて貨幣が滞る。それは景気後退を意味し、それが急激に進むと、商品や貨幣の固有の価値を吹き飛ばし、恐慌を引き起こすと予言していた（詳細はP.128参照）。

貨幣は、流通手段、価値尺度の他に3つの機能がある

1つめは「蓄蔵貨幣」だ。商品を交換して得た貨幣で新たな商品を買う。しかし貨幣を得た人がすぐに貨幣を商品と交換するとは限らない。使用までの時間的なズレがあり、その間貨幣は蓄蔵されることになる。

2つめは貨幣に対する「信用機能」が生まれたことだ。貨幣が絶対的信用を得ていく過程で、貨幣による支払い遅延を認めるようになる。このとき、買い手は売り手に将来の支払いを約束した商業手形を振り出す。手形に信用があると貨幣のように流通し、決済することが可能となった。しかし、手形を精算するときには貨幣が必要となる。このように決済で使用される貨幣を「支払手段」という。

3つめは「世界貨幣」だ。国内の貨幣は国内での使用価値・交換価値を元にしているが、その価値基準は他の国と同じとは限らない。そこで、世界共通の価値認識がある「金」が、商品交換の価値基準になった。現代ではそれはドルだという意見も強いが、労働を体現した金のように絶対的価値を維持できるものではない。ゆえに金が世界の価値基準となる。

どうやら例の不動産業者が我が社の株式の買い占めを始めたようです

手形以外にも、株式や債券・小切手も、貨幣のように流通する。これらを信用貨幣と呼ぶ。

貨幣には最適な「量」がある

経済の規模と流通の回転数によって、貨幣の必要量が変化する。

たとえば……

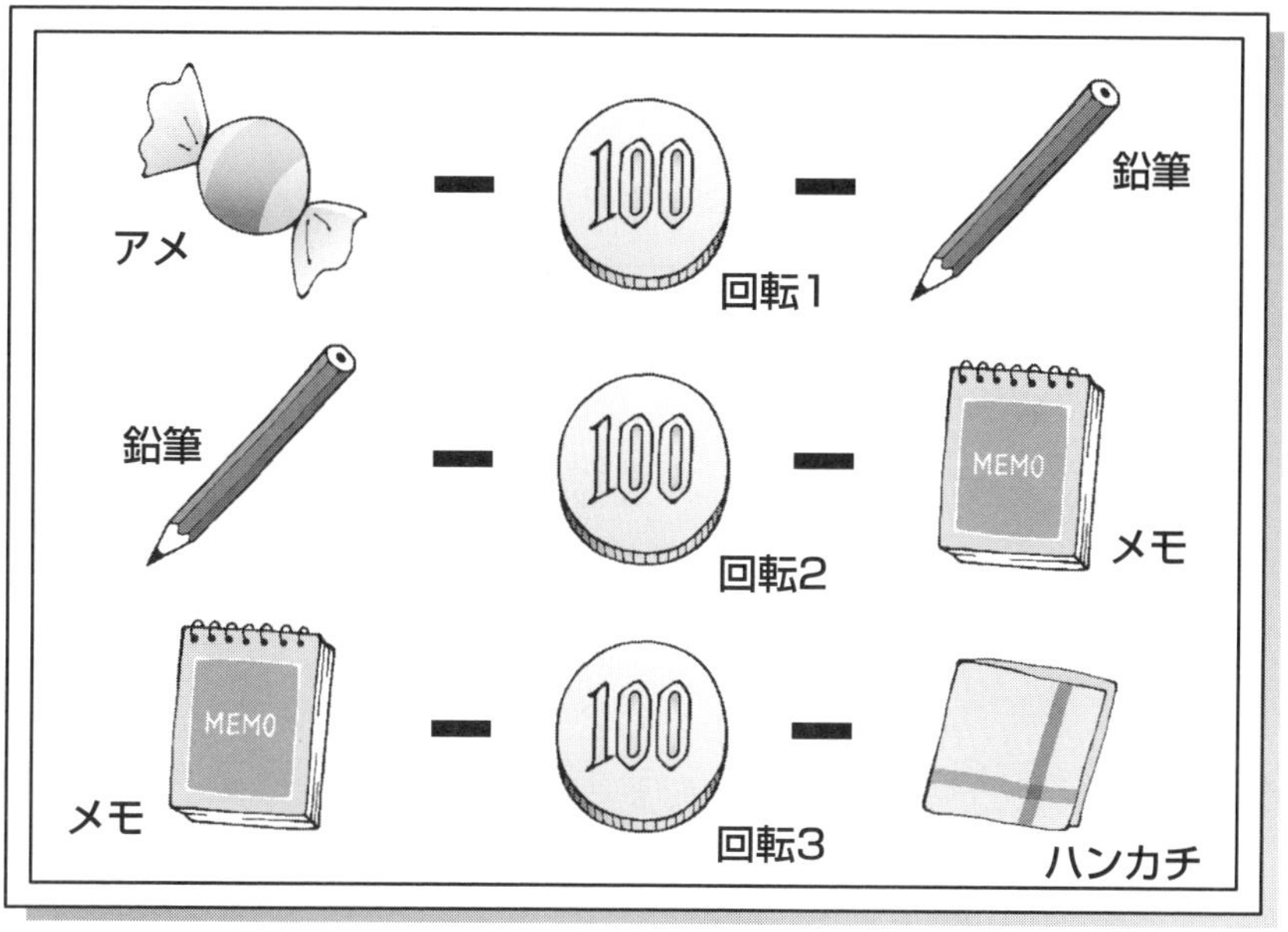

アメ
100
鉛筆
回転1
鉛筆
100
メモ
MEMO
回転2
メモ
MEMO
100
回転3
ハンカチ

貨幣の流通必要量は100円。

商品の総額	÷	流通回数	＝	必要量
300円		3回		100円

ここでの流通必要量は「流通貨幣として」の量なので、ここに経済の規模やその他の貨幣（信用貨幣など）が関係すると問題はもっと複雑になる……

世の中のお金の流れ（金融）が、経済全体を動かしている

経済学における「お金」はいろいろある

お金、資金

10000
10
10
10
100
100
500

日常生活で使う紙幣や硬貨などを「現金通貨」という。

銀行の預金

預金通帳
○○銀行

銀行などの口座に預けているお金を「預金通貨」という。

両方とも**「通貨」**というが、その中でも主に現金通貨に対する概念として、**「貨幣」**という言葉を使う。

通貨が融通していくこと、つまり全体的なお金の流れが「金融」であり、経済社会をつくるものなのだ

経済では、貨幣以外の金融商品も動く

人々は、労働して得たお金をそのまま消費する他、金融機関に預けて運用することもできる。

個人

現金

金融機関を通して貯蓄預金をしたり、**株式**や**債券**を買って投資・運用などをすることができる。

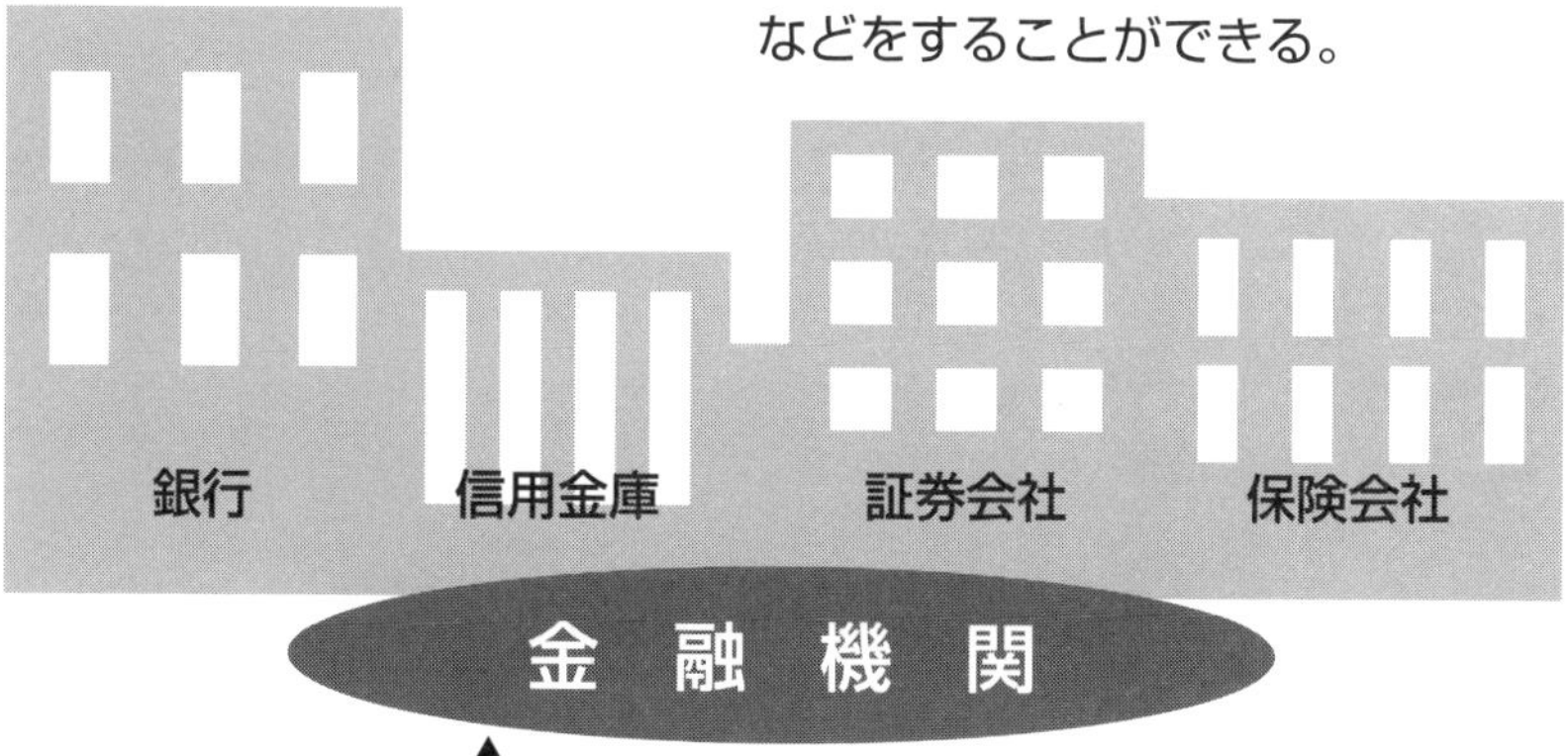

企業は**株式**や**債券**を発行し、それを金融機関や個人に売ることで、会社の運営資金を集める。

企業

カール・マルクスを支えた妻

マルクスの妻
イェニー・マルクス

カール、わたしはあなたにとってかけがえのない人間

イェニーはマルクスを愛し続けた

マルクスは18歳のとき、4つ年上の幼なじみイェニーと婚約する。婚約後、マルクスはベルリン大学へと進学したために遠距離恋愛となるが、イェニーは熱いラブレターを送り続けた。

7年の婚約時代を経てマルクスと結ばれたイェニーは、ニートのような暮らしで極貧を続けたマルクスを献身的に支えた。貴族階級出身のイェニーの苦労も愛があればこそ。悪筆のマルクスの原稿を清書したり、婚約時代にマルクスから贈られた詩集を生涯大切にしたというエピソードもある。

マルクスが『資本論』を出版して、ブルジョア社会から冷たい視線を向けられた時でも、明るく振る舞い続けたイェニー。マルクスに恋する乙女のまま、66歳でこの世を去った。

マルクスの両親

マルクスの母
ヘンリエッテ・マルクス
カール……お願いだからきちんとした生活を送ってちょうだい
マルクスの父
ハインリヒ・マルクス

マルクスは裕福な弁護士の家に生まれた

上告裁判所付弁護士の父の元で生まれたマルクスは裕福に育った。そんな彼は、街から疎外される経験をする。ユダヤ教を信仰していた一家は、街の大半がカトリック教徒だったため、弁護士として仕事を続けるなら改宗せよと命じられた。当時のマルクスは6歳。『資本論』は、資本家から疎外される労働者について思索を重ねているが、その素地は幼い頃にあったのかもしれない。

マルクスの父は子煩悩で教育熱心。親と同じ道を歩ませるべく、ボン、ベルリンで法学を学ばせた。それに反して文学と芸術に没頭するマルクス。20歳のときに父が亡くなったことを機にマルクスは法学から解放され、ヘーゲル哲学の弁証法を追究して『資本論』の基礎を築く。

マルクスの子供

マルクスの娘
エリーナ・マルクス
父はユニークで、他に類を見ないストーリーテラーだったそうです

中産階級の教育を受けた娘たち

マルクスには4人の娘と2人の息子がいた（二男と三女はすぐに死去）。いつも生活に困窮していたが、娘たちには徹底した中産階級（ブルジョア）の教育を施している。

当時のお嬢様の必須科目はピアノ・語学・手紙。3人の娘たちはいずれも標準以上をクリアし、さらに乗馬までこなしていた。困窮しているとはいえ、マルクスと妻のイェニーは裕福な家庭で育ったので、娘たちにも同等の教育を受けさせたかったのは親心の表れかもしれない。

標準以上の令嬢を育てたマルクス家の望みは、格式ある身分の男性の元へ嫁がせること。しかし、娘たちは親の意に反し、革命家と結婚したり、妻帯者と同棲するなどしていた。

第3章

労働は利潤を生み、利潤は資本家のものになる

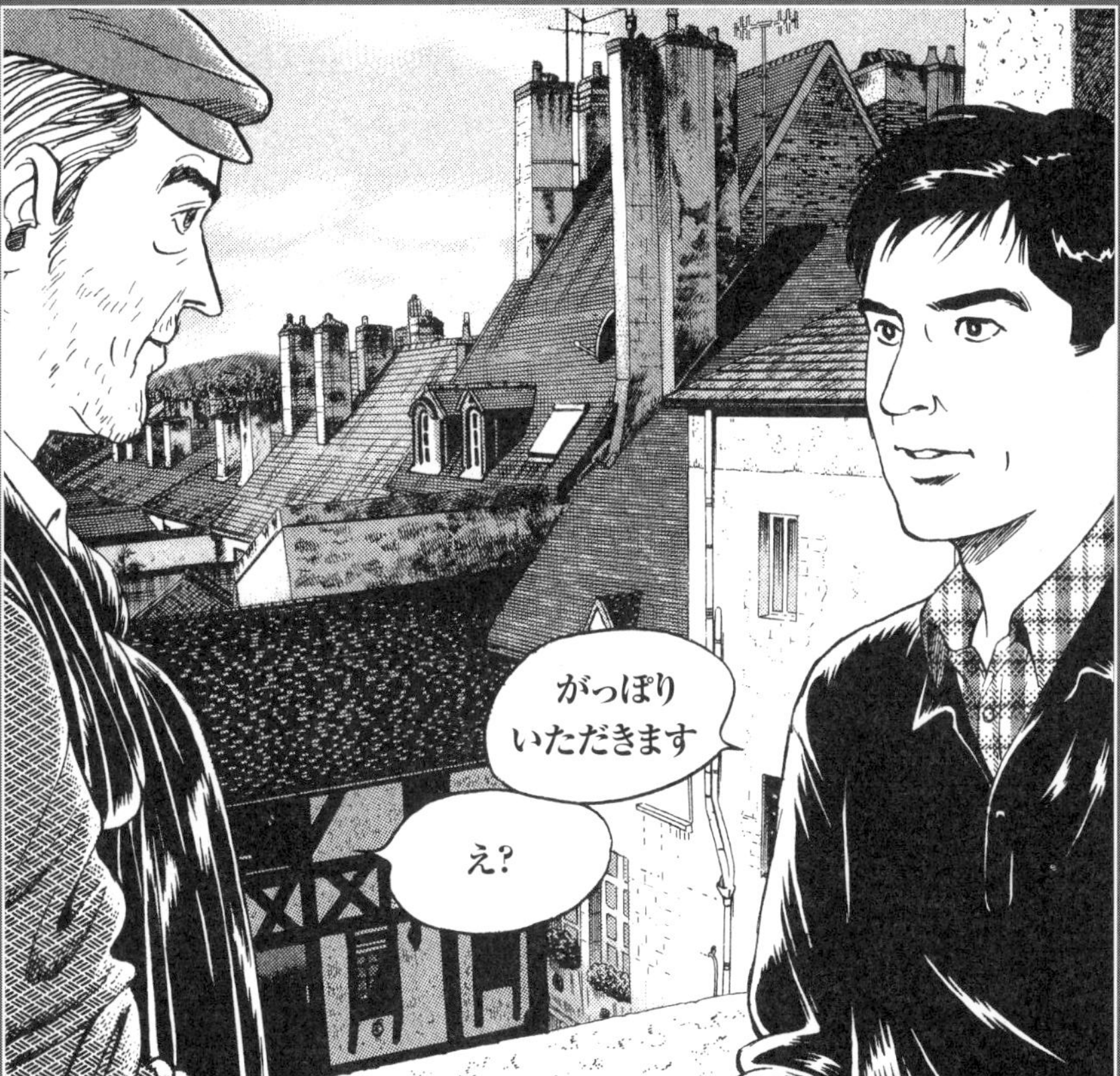
がっぽりいただきます
え?

ふう
もう10時か

連日連夜打ち合わせをするよりもいくつか先に進めたらどうでしょう
確かにそうだがプロジェクト成功のためには小さなリスクも避ける必要がある俺たちの休息は二の次だ

NEXT

「労働」というひとつの商品の真相に迫る。

マルクスは、労働を「労働力」という商品と考えた

パンや洋服を作ったとき、作った側は交換価値を得ることができる。そしてこの商品を交換するとき、同等の価値のものを求める。その基準となるのが貨幣による価格となった。

価格がどのように決まるのかをたどっていくと、労働の価値が見えてくる。たとえばパンを作ったとき、いくらなら交換（販売）してもいいと思うのだろうか？　価格を決めるのはパンを作った人なので、パンを作るのにかかった労働時間を基準とすると、パンの交換価値＝労働時間となる。このことを突き詰めると、労働力は、消費することで使用価値を生む「特殊な商品」ということが見えてくる。

商品の交換価値は労働に転化できると考えたマルクスは、労働力＝商品ということを定義づけた。さらに、商品は交換（売買）できるので労働力も売買できると結論づける。この考えを基にすると、労働力という商品は交換価値があるので、労働力という商品を求める側（雇い主＝資本家）は、使用価値を一致させなければならない。このことで、労働者と資本家は対等であるべきだ、ということをマルクスは指摘したのだ。

マルクスは「労働者」でも「資本家」でもなかった

マルクスは研究や執筆活動に取り組み、数多くの著作を残したが、いずれも（『資本論』でさえも）お金には無縁だった。新聞の発行や、寄稿などで得たわずかな収入で妻子を養っていたのだ。マルクスは生涯、いくら生活に困窮しても労働者にならず、もちろん資本家にもならず、研究に没頭した。親や友人からの援助によって妻子を養っていた、今で言うニートだったのだ。

商品としての「労働力」には価値がある

商品には使用価値と交換価値があるので、商品としての「労働力」にも価値がある。

使用価値

生産物に新しい付加価値を付けて商品を作る。
（＝新しい使用価値を作る）

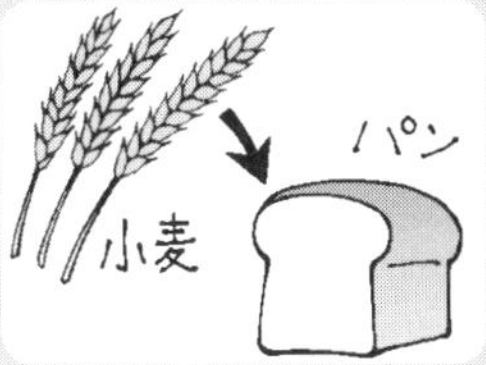
パン
小麦

交換価値

労働力が使われることは、時間と労力が商品の生産に注ぎ込まれるということ。
（＝賃金と交換する価値がある）

3000人
次の商品には人員を惜しみなく注ぎ込もう
社運を懸けた事業となるだろう

労働者は、生産すると同時に労働力を消費する

「労働力」は特殊な商品
この商品を使って、たくさんの新たな商品を作らせるぞ！
資本家
労働力という商品
消費されると同時に新しい使用価値を生産することができる。
今日もたくさんの生地をこねて、パンを作ったぞ！
労働者

商品の交換価値は投入された労働力で決まる。これは、アダム・スミスの『国富論』が確立した労働価値説だが、マルクスはこの考えをさらに発展させた。

パンや洋服を作る理由は、他の物と交換するためだ。使用目的に共通項はないが、交換を目的に作るということで一致している。このような労働を「抽象的人間的労働」とマルクスは呼んだ（P.50参照）。

これに対し、パンのような特定の使用価値を生み出す労働を「具体的有用的労働」と呼ぶ。つまり、ひとつの商品の中にふたつの労働が存在していることになる。これは、マルクスによって初めて明らかにされた経済学の発見だった。

商品の価値は一般的な労働量で決まる

商品が作られる過程には、人間の労働が加えられている。ではその「労働」には質的な差があるのだろうか。

<商品の使用価値を作るもの>

具体的な労働

<商品の交換価値を作るもの>

パン
○○パン
いろいろな労働をひっくるめた
抽象的な「一般的労働」
（すべての商品に共通する労働）

商品の交換価値の大きさ、つまり価格は、労働の質的な差のない社会的平均労働によって決まる。よって、怠け者が時間をかけて作ったからといって、その商品の価値が高くなるというわけではない。

利潤を上げることは、同時に労働者が〝搾取〟されること

資本家はたくさんの利潤が欲しい

たくさん儲けたい！
利潤！　利潤！
会社を大きくしたい！
労働者をもっと働かせたい！

資本家

資本家は、労働者が作り出す剰余価値（＝利潤につながる商品の価値）が高ければ高いほど嬉しい。

労働力を商品とするならば、資本家はその使用価値を認めた上で労働力を手に入れていることになる。その意味では、労働力を売る側（労働者）と買う側（資本家）は等価の関係であるはずだ。

しかし、労働力の使用価値に見合っただけの賃金を支払わないことで、資本家は利潤を得る。資本主義はたえず利潤を獲得する社会である。だから労働力の「搾取」は常のこととなる。

不景気になると利潤が少なくなる。そのため、サービス残業という超過労働（労働日の延長）を強いて利潤を確保しようとする。マルクス流に言えば、現代の会社員はその分を資本家に「搾取」されているのだ。

労働者が作る剰余価値は資本家のもの

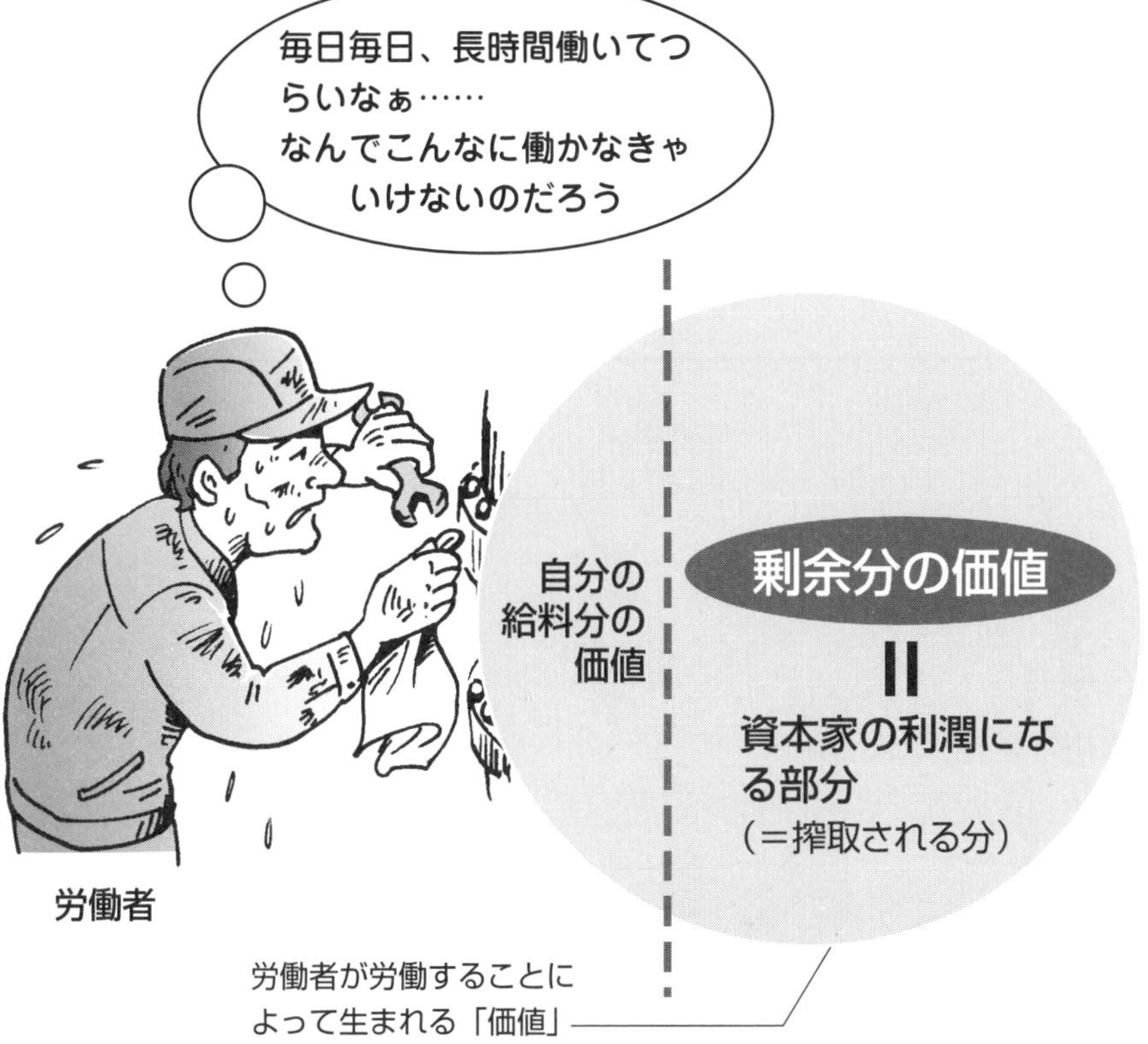
毎日毎日、長時間働いてつらいなぁ……
なんでこんなに働かなきゃいけないのだろう
自分の給料分の価値
剰余分の価値
＝
資本家の利潤になる部分
（＝搾取される分）
労働者
労働者が労働することによって生まれる「価値」

業績不振により、工場を閉鎖するという決定が下されました本日までの給料は日割りで支払われます

利潤が上がらなければ企業は生き残ることができない

マルクスは剰余価値が生まれる3つのパターンを分析した

パターン①「絶対的剰余価値」

総労働時間を増やせば、剰余価値のための労働も自動的に増える。つまり、資本家の利潤が増える。

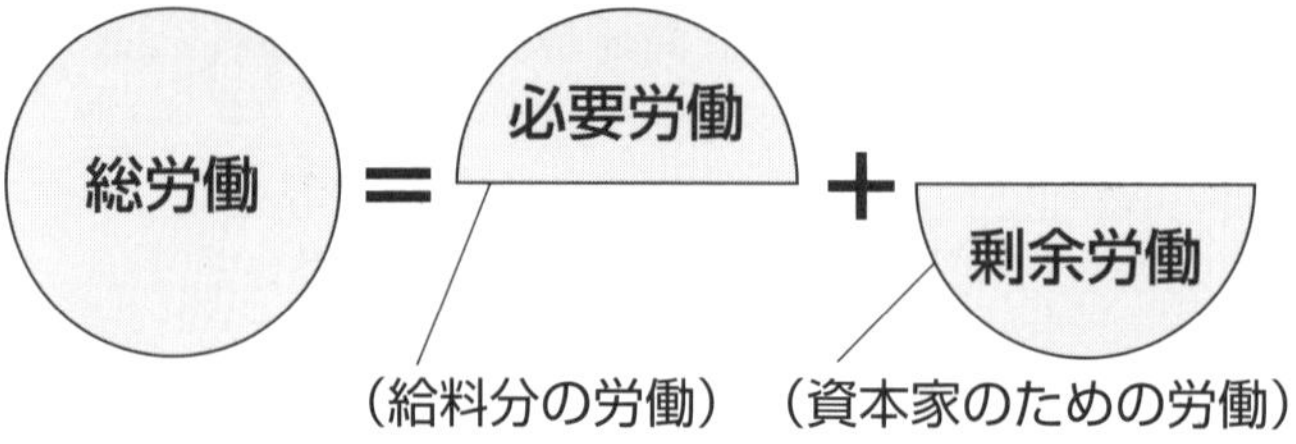
総労働
=
必要労働
+
剰余労働
（給料分の労働）
（資本家のための労働）

手っ取り早く
利潤を出すために
10時間労働に
しましょう

資本主義社会では、常に利潤が追求される。この利潤を生み出す方法は3つある。

1つめは、一日の労働時間をなるべく延長することである。つまり、不払いにした分を利潤にする。これを「絶対的剰余価値」と呼ぶ。

2つめは、機械化などにより生産効率を上げることだ。単位時間当たりの労働を強化することである。これを「相対的剰余価値」と呼ぶ。

3つめは、技術革新による生産力のアップだ。ひとつの資本がそれを独占することで多くの利潤を獲得できる。これを「特別剰余価値」と呼ぶが、競合相手もやがて追いつくので一時的にしか利潤を生まない。

パターン②「相対的剰余価値」

必要労働時間が短くなれば、（総労働時間が変わらない場合）相対的に剰余労働が増える。

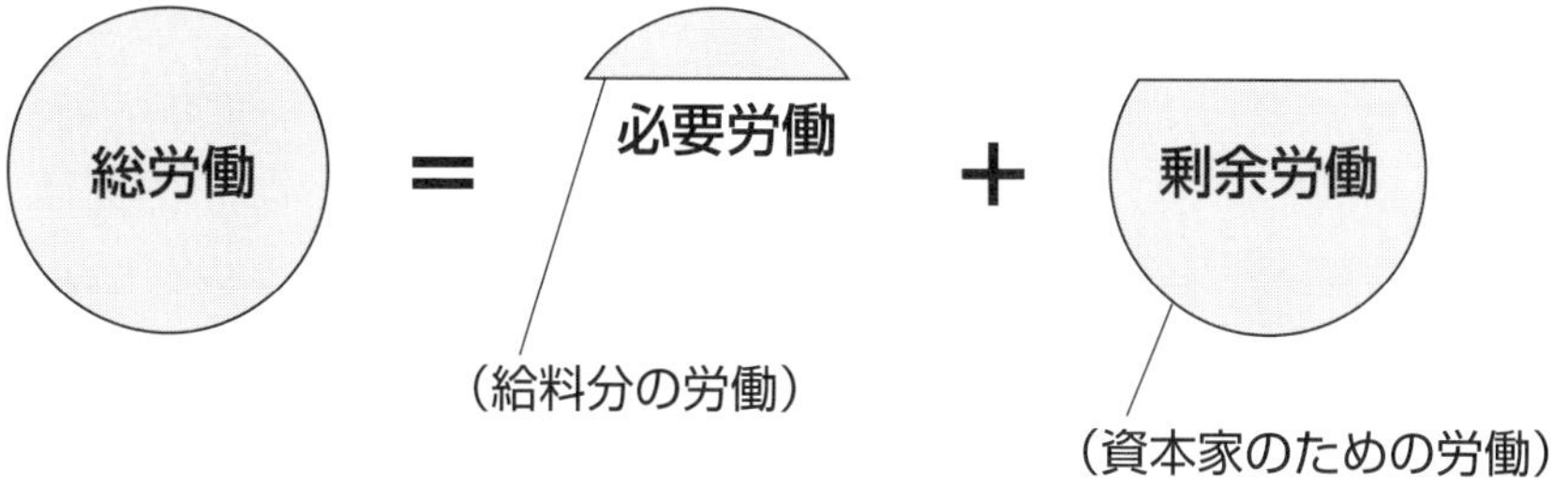
総労働
＝
必要労働
＋
剰余労働
（給料分の労働）
（資本家のための労働）

＜考えられる状況＞

●給料が相対的に少ない時＝物価が安い時

●物が多く生産される時＝物価が安い時
（技術革新などによる生産性の向上）

パターン③「特別剰余価値」

企業独自の工夫や技術革新によって、他のライバルをリードするときにも、利潤が増える。

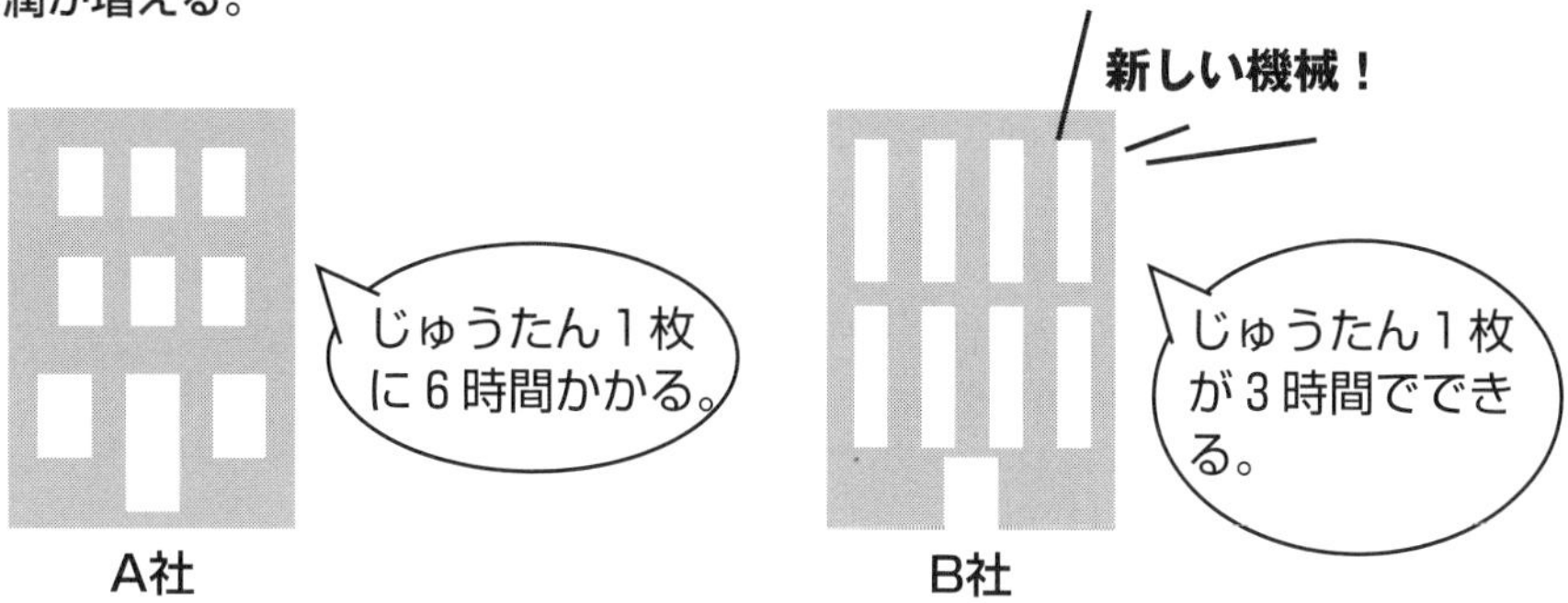
新しい機械！
じゅうたん１枚に６時間かかる。
A社
じゅうたん１枚が３時間でできる。
B社

Ａ社とＢ社が同じ値段でじゅうたんを売った場合、
Ｂ社の利潤は単純にＡ社の倍になる。
この差額が「特別剰余価値」と言われるもの。

「剰余価値率」は、どのくらい〝搾取〟されているかを表す

ひと月の給料が20万円だとしよう。すると、労働力の交換価値は20万円のはずだが、資本家のための剰余労働があるので、本当は20万円以上のものを生み出している。

労働力は、消費する（働く）ことで新たな価値を生み出すという特殊な商品。だからこそ、利潤の源泉は労働力にあり、資本家はこれを搾取しなければ、永遠に利潤を増やせない。

マルクスは、労働の対価である賃金と、資本家が搾取する利潤との割合を「剰余労働時間÷必要労働時間＝剰余価値率」という式で表した。この式が明らかにするのは、一人の労働者の賃金よりも多くの物を産出しているということだ。剰余労働時間を増やすか、必要労働時間を減らせば、剰余価値率が増える、つまり資本家が搾取できる量が増える。マルクスは、この剰余価値を生み出す原理こそが資本主義のシステムだと説いた。そして資本家は、他の資本家との競争に勝つためにできるだけ多くの搾取を行う。現代の日本の雇用状況に通じるものを感じるはずだ。

マルクスはお金に無頓着だった

弁護士の息子に枢密顧問官の令嬢という、夫婦そろってブルジョア生活が染みこんでいたマルクスは、いつでも困窮していた。そのくせ、パーティーを開いたり、中産階級の教育を娘たちに施すのだから、当然お金がなくなる。支払いに困るたびに、親友のエンゲルスや実家に援助を求めたという。そんな彼が「剰余価値率」を見出しているのだから、何とも不思議な話だ。

資本主義の本質は剰余価値を生産すること

剰余価値に関して詳しく説いたことは、マルクスの功績のひとつだと言われている。

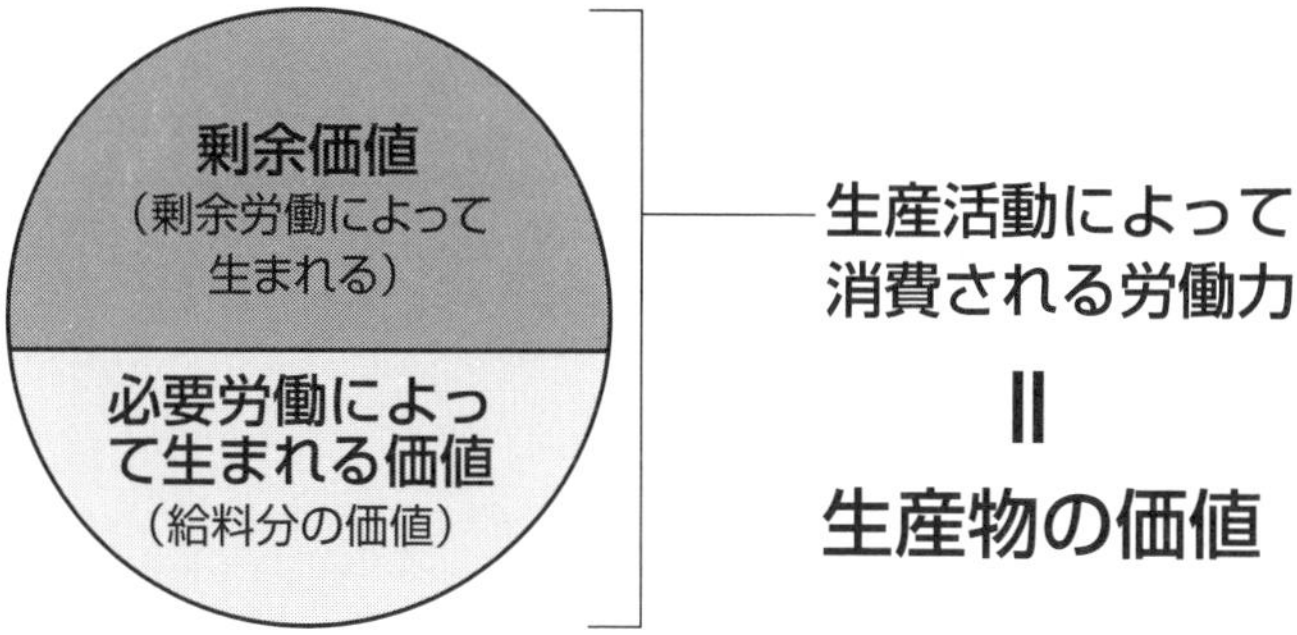
剰余価値
（剰余労働によって生まれる）
必要労働によって生まれる価値
（給料分の価値）
生産活動によって消費される労働力
＝
生産物の価値

- 資本家が、労働力によって生み出された剰余価値を〝搾取〟することによって、資本主義が成り立っている。
- 労働力の価値（価値として労働者に支払われる給料）は、労働力によって生み出される生産物の価値よりも小さい。

労働力は、資本家によってくり返し〝搾取〟される

商品の使用価値は質で、交換価値は量で表現される。たとえばパンの使用価値は食欲によって決まるが、交換価値は労働によって決まる。質と量の違いが商品の使用価値と交換価値の相違だ。

ところが労働力という商品は、使用価値も交換価値も量的である。いずれも量であることが、この商品の特色だ。労働力商品を再生するために資本家が支払う賃金は、ぎりぎりの再生産のためだけの費用である。労働者は使用価値の量を再生産するだけの分しか支払われない。

資本家は、労働力を効率よく再生産できるよう努力する。しかしそれは剰余価値獲得のためである。同じ労働力（必要労働時間＝賃金分）で剰余価値（労働力から搾取する利潤）を高めようとするのだ。手当を与え、学校などに通わせてスキルアップさせるのも労働力の使用価値を期待したものだ。

使用価値が高まれば剰余価値も高まり、利潤が増える。しかし、賃金や労働時間が極端に変化するわけではない。資本家が利潤を確保しようとすればするほど、労働者との対立が深まるという図式は消えない。

労働日の標準化は「闘争」問題だ！

産業革命後のイギリスでは労働の工場化が進み、産業構造が大きく変わった。プロレタリアが増加し、資本家が低賃金・長時間労働、特に子供に重労働を強いた。

劣悪な環境で働く子供は、空気の汚れなどで肺病になり、短命に。このままでは国が滅びると「工場法」を施行して、労働日の標準化を目指す。ところがこれは守られなかった。経済や政治の実権を握っていたのは資本家だったからだ。

出勤の朝は毎日やってくる

労働者は、労働しないとごはんが食べられない

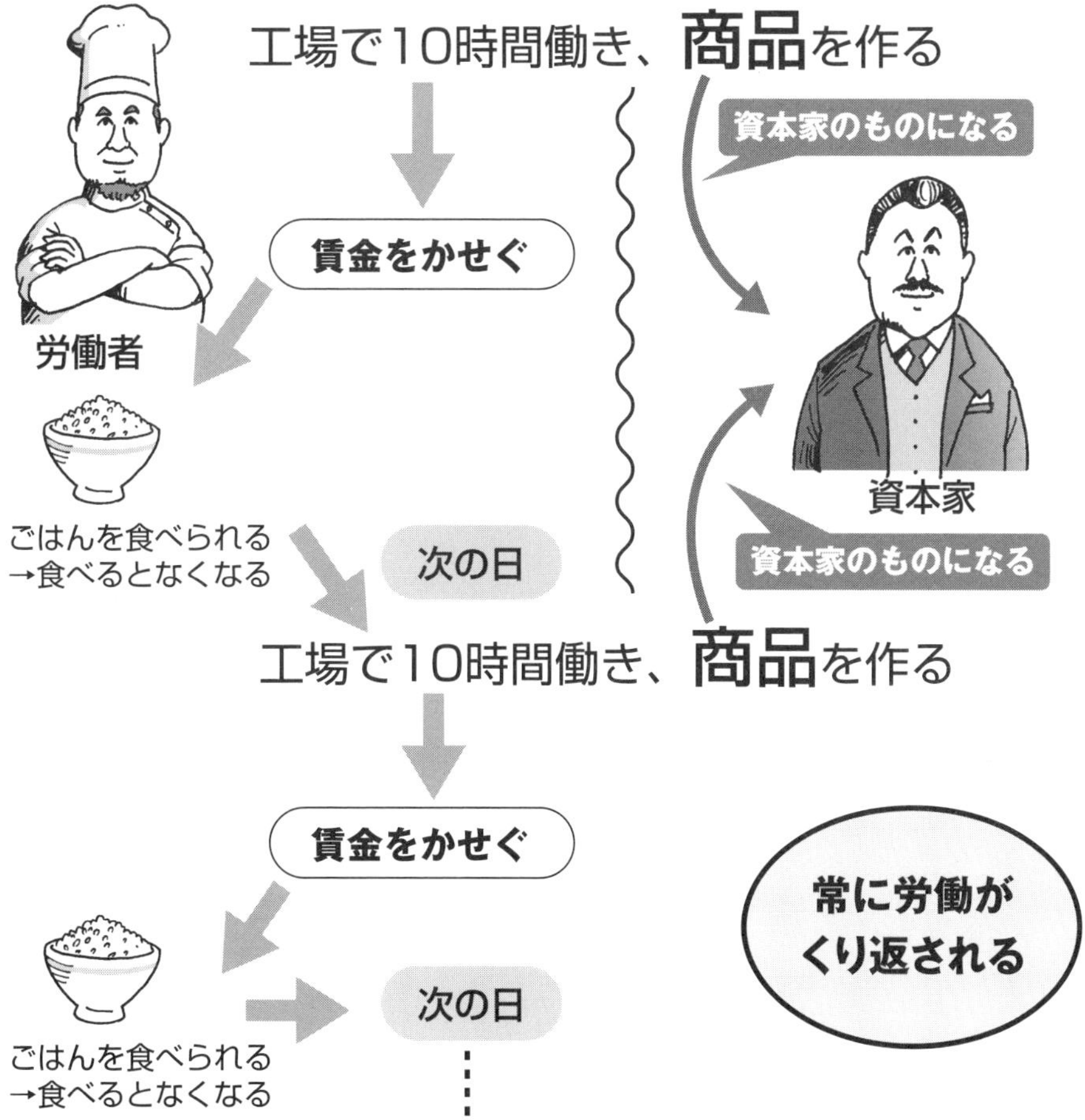
工場で10時間働き、商品を作る
資本家のものになる
賃金をかせぐ
労働者
資本家
ごはんを食べられる
→食べるとなくなる
次の日
資本家のものになる
工場で10時間働き、商品を作る
賃金をかせぐ
常に労働がくり返される
次の日
ごはんを食べられる
→食べるとなくなる

社会保障は人々を助けるために生まれた

社会保障の誕生と発達

そもそも社会保障とは……

人々が病気やけが、障害や失業、死亡などの困窮に遭遇してしまった時に、経済的な面で保険的な方法によって援助し、最低限の生活を保障する制度のこと。日本は厚生労働省や社会保険庁が政策を行っている（2008年現在）。

1601年の「エリザベス救貧法」

イギリスで初めて国家単位の救貧法として作られた「エリザベス救貧法」は、現在の公的扶助の出発点だと言われている。その後、世界の各国へ影響を与えた。日本の現在の公的扶助には「生活保護制度」がある。

19世紀、産業の発展に伴う「組合」の発達

産業革命が起きた19世紀のヨーロッパでは、従業員組合や労働組合が発達した。その中で「共済制度」が生まれ、互いに助け合うシステムができた。19世紀末には、ドイツで初めての社会保険ができた。

社会保障にはいくつかの種類がある

社会保障

社会保険
失業や老齢、病気やけがのリスクに備え、貧困に陥らないようにする保険。

社会手当
税金によって、必要な手当を支給するもの。児童手当などがある。

生活保護
何らかの事情によって、生活ができないほどの貧困に陥った人に対して、最低限の生活費を税金から支給する。

公衆衛生
社会の衛生や人々の健康を守るためのもの。保健所など。

社会福祉
必要に応じて、施設や住宅で行われる福祉サービス。児童福祉、障害者福祉、高齢者福祉などがある。

その他
雇用、教育、住宅、まちづくりなどが関連事項にある。現代の日本では、主に「少子高齢社会」、「経済成長率の低下」、「年金問題」、「格差社会」などが社会保障の大きな課題だと言われている。

安い労働力がないと、社会は成り立たない

工場などが先端技術を投入するのは生産効率を上げるためだ。それは、労働時間を延長させずに剰余価値を上げることを意味する。しかし一時的に上がったとしても、競争する資本家も同じことをする。すると、先端技術の生産システムは一般化して剰余価値が下がっていく。

一方、労働者の仕事は単純になるので、特殊なスキルを必要としなくなる。また肉体労働からも解放されるので、女性も労働力として参入してくる。その結果、交換価値が下がり賃金も下がる。その上、競争社会では剰余価値を上げるため、常に安い労働力を求めるので、労働の交換価値は下がる一方となる。

現代の経済状況でも、スーパーマーケットやコンビニエンスストアでのアルバイトやパートタイマーなど、安い賃金で働く人がいなければ成り立たない。高給を得る場合もある。しかし、工場が先端技術を投入してもいずれ剰余価値が下がるのと同じで、次第に高いスキルも平均化して交換価値が下がっていく。よって、社会全体を見回すと、資本主義体制の労働価値は常に下がっていくとマルクスは分析している。

企業は海外の労働力を使う

中国は「世界の工場」と呼ばれている。これには日本だけでなく、世界の主だった企業の多くが、中国を生産拠点にしているという現実がある。

その理由は、物価が極端に安いので、賃金も安く済むという事情だ。つまり、剰余価値が簡単に上げられる要素が整っているのだ。加えて人口も多いので、単純な作業でも労働者が集まりやすいのも理由のひとつである。

経営者は安い労働力を追求する

労働者について
くわしく教えてください

経営の責任者である島耕作も労働の価値には敏感だ。

現在うちは9000人の
人間が働いていますが
そのうち700人は工場で
働く労働者です

工場で働く労働者

「ライン」と呼ばれる組み立て工程などの流れ作業は、高い技術を必要としないため、安い労働力が求められることも多い。

そのうち90%は
正社員ではなくて
6ヶ月の短期契約の
派遣労働者です
理由はその方が
安いからです

機械化の設備投資が労働者のリストラを生む

商品の価値を形成するのは、商品に投下された労働量である。このような考えに至ったのは、19世紀に始まった産業革命が関係している。技術革新で労働の質が大きく変化し、大量生産による大量消費で資本家と労働者という階級（格差）が生まれたからだ。それは、工場制による搾取のスパイラルの始まりでもあった。

資本家は剰余価値率を上げるため、設備投資をして機械化を促進。すると、労働者が不要になるのでリストラが発生する。リストラによる浮いた経費で再び設備投資して、さらにリストラを促進。これをスパイラル的にくり返すことが、資本家の搾取の手段だとマルクスは指摘している。さらに、生産の効率化は作業の単純化も意味する。これにより、労働力の価値が下がり続け、賃金低下という形で連鎖する。

近年の日本でも小泉改革と呼ばれる構造改革で就業実態が大きく変化した。平成20年11月の厚生労働省の調査によると、契約社員や派遣労働者などの非正社員が全体の約4割だという。１４０年前のマルクスの予言は実現されつつあるのだろうか。

技術革新は物価を下げる

工場の生産性が上がると商品が大量に出回る。すると物が余るので価格が下がっていく。それと同時に労賃も下がる。さらにリストラも始まるので、物の買い控えが起こる。するとさらに物が余り、資本家は在庫を処分しようと投げ売り状態に。すると、また価格が下がり、資本家はさらなる剰余価値を獲得しようとリストラを敢行……このような負の連鎖を「デフレスパイラル」と呼ぶ。

工場制は労働の形態を変えた

工場ができる前は個人の手によって労働が行われていた。

土地を耕す農民

物を作る職人

16世紀半ばから、マニュファクチュアと呼ばれる工場制手工業が発展し、生産力を増大させるための「協業」と「分業」が生まれた。

協業----多くの労働者が、同じ種類の生産物を作る目的で、同じ時間、同じ資本家の命令のもとに、同じ場所で仕事をすること。――マルクスは、ここに資本主義生産の歴史的出発点があると言った。

分業----労働過程を分割すること。つまり、一人ひとりの労働がより単純化されること。

分業による作業の単純化は、結果的に労働力の価値を下げることになる。

給料は、最低限の生活費として位置づけられていた

労働力商品は等価交換で売られているように見えるが、実はそうではない。不等価交換なのだ。しかし、資本家にとっての労働力は搾取する手段でしかない。できるだけ多くの剰余価値を得たいと考え、殺さぬ程度の最低限の賃金を与えることで、生かさず殺さずという手を使う。

賃金の低さに不満を持つ労働者が増えると、資本家は知恵を絞って「出来高制」という賃金支払い方法を提案する。一見合理的のように見えるが、実は労働者を競わせながらお互いに監視させる「隣組」のシステムで、資本家の搾取に有利だったことをマルクスは見抜いていた。

現代の日本も、多くの企業が成果主義を取り入れた。そして、長い不況での低賃金・長時間労働に対する不満を解消し、能力を生かした仕事ができたり、個性的に働けると宣伝した。しかし、その実は労働を強化させると同時に、賃金を抑制することが目的だった。結局、成果主義は成功せずに業績が悪化したため、急いで取り止めた企業も続出した。

マルクスは20年かけて『資本論』を書いた

1848年革命後、イギリスに渡り大英博物館の図書館にこもったマルクス。次期革命に備えて理論的支柱を築き上げようと、『資本論』の執筆に入ったのだ。

その後、約20年という時をまたぎ、1867年に『資本論』の第１巻が刊行される。続巻の予定はあったが、第１巻の改訂を重ね続け、作業は大幅に遅れた。結局未刊のまま、1883年にマルクスはこの世を去る。

19世紀の出来高賃金は、資本家の都合だった

工場における時間賃金から、「出来高賃金」というものが導入された。しかし、それは労働者のためではなく、資本家がより多くの利潤を得ることができる、資本主義にとって好都合な制度だった。

ワッハハハ
世の中うまくできてるなあ

POINT 1

「出来高制」といっても、基本的には一定の労働時間が必要。「出来高」の基準が上げられ、むしろ労働時間が増大する。

POINT 2

「出来高」を管理されることで、労働者は手を抜くことができない。さらに、出来高を争うので労働者たちは競争せざるを得ない。

労働は多くの法律によって支えられている

日本における「労働」を守る3本の柱

代表的な「労働三法」

労働基準法

昭和22年に制定。労働条件の最低限の基準などが定められている。

労働組合法

労働者の地位を向上させるため、労働組合結成の保証や団体交渉などを行う権利を擁護する法律。

労働関係調整法

労働組合法と相まって、労働関係の公正な調整を図り、労働争議の予防や解決をするための法律。

日本において労働に関係する法律は、労働三法の他にもたくさん整備されている（左ページ参照）

数多くある労働に関係する法律

労働基準法

労働組合法

労働契約法

職業安定法

労働関係調整法

労働安全衛生法

最低賃金法

短時間労働者の雇用管理の改善等に関する法律

個別労働関係紛争の解決の促進に関する法律

労働基準法の主な項目

労働契約

賃金

労働時間、休憩、休日及び年次有給休暇

安全及び衛生

年少者

妊産婦等

技能者の養成

災害補償

就業規則

寄宿舎

監督機関

賃金の額と労働の量が見合っていなかった

産業革命以降、大量生産が可能になったことで工場制による労働環境が急速に整う。すると、これまでの労働の概念が一変し、資本家と労働者という階級が生まれた。つまり、富める者はさらに富み、貧しき者はさらに貧しくなるという格差社会の始まりだとマルクスは指摘している。

当時は、剰余労働時間という概念がなかった。働けるだけ働く。それが労働の対価である賃金だと思っていた。しかし、労働時間には剰余価値を生み出す労働時間が入っている。そしてそれは賃金より大きい。このようなことに、当時の労働者たちは気づいていなかったのだ。だから、長時間労働は当たり前で、劣悪な環境で働くことも賃金のうちだと疑わなかった。

機械化で作業が単純化されたため、女性や子供も労働に参加してくる。そして、劣悪な労働環境はさらに加速する。このままでは危ないと感じた労働者は、それを打開しようと資本家に改善を求める。これが労働運動の始まりだ。そして、１８３３年、イギリスで工場法が施行。ここで初めて標準労働日という概念が生まれた。

英語になった日本の働き方

日本では、暗黙の了解で長時間残業や休日なしの勤務を強制され、働き盛りのビジネスマンが脳溢血や心臓麻痺などで突然死する「過労死」が増大している。

このようなニュースが国外で報道されるとき、英語で「work oneself to death」と訳されていたが、あまりにも多く、また、日本独特の現象であることから、そのまま「karoshi」という言葉で国際化。英語の辞書にも掲載されている。

19世紀、イギリスで工場法ができた

イギリスでは、1833年に工場法が登場するまで、標準労働日という考えそのものが存在していなかった。昼夜の交代制はもちろん、児童たちも長時間労働を強いられていた。労働者たちは、安い賃金で長時間労働することによって、資本家にますます〝搾取〟されていった。

しかし、工場法が制定された。

1日の労働日を午前5時半〜午後8時半までに設定

児童労働は12時間を超えてはいけない

9歳未満の労働は禁止

13歳以下は8時間以内の労働と制限

9〜18歳の夜間労働は禁止

労働時間や児童の夜間労働の規制は、後に他国へも影響を及ぼした。

労働者が抗議すれば、労働運動が起きて制度が変わる。

近代経済学の基礎を築いた

アダム・スミス

アダム・スミスは「経済学の父」と呼ばれた

経済を学ぼうとしたら、アダム・スミスは避けて通れない。スミスが著書『国富論』の中で説いた「自由貿易」「社会進化」「利己的な個人」という経済概念は、200年以上たった今でも、経済の基本として命題を与えているからだ。マルクスも、そんなスミスの功績に敬意を払っていた。

『国富論』は誰でも知っている有名な経済学書であるゆえに、市場原理主義の教祖という捉え方が多い。しかし、スミスは大学で倫理学の講座を持っており、『道徳感情論』という著書で書いた倫理観の考察に基づいて『国富論』は書かれた。経済は突き詰めて語れば、人はなぜ物を欲しがるのかという、人間哲学でもある。マルクスもまた、経済学と哲学を両立させていた。

アダム・スミスの名著『国富論』

労働や資本に着目し、経済学の基礎を築いた

アダム・スミスは『国富論』の中で、経済の真理を「見えざる手」というキレのある言葉で表した。この言葉は、『国富論』の中で一度しか登場しないが、経済がなぜ生き物のように行動するのかを理解させる概念だった。

見えざる手とは、人間は利己的に生きる限り、互いに足りない物を補いながら発展する。利己的だからこそ社会は調和していくはず……という考え方だ。経済の謎を浮き上がらせたスミスの理論を、イギリスの経済学者デヴィッド・リカードが引き継ぎ、スミスの打ち立てた労働価値説を進化させた。後のマルクスは、スミスから始まったリカードの流れを受け止めることで、『資本論』に発展させていった。

もうひとつの名著『道徳感情論』

道徳は他人に
「同感」することから
生まれるのだ
アダム・スミス

スミスは社会の秩序と競争についても論じた

スミスは『道徳感情論』という著書で、「胸中の公正な観察者」という言葉を使って、社会の秩序は法律だけで保たれているのではないと論じている。人々の「胸中の観察者」＝「見えざる手」が良心の均衡を保っていると考えたのだ。

またスミスは幸福の在り方にも言及している。それは「心の平静」だ。いくら富があっても心の平静は得られない。そして富の最低水準を設け、水準以下では幸福感は極端に不足すると論じている。経済の発展は、胸中の公正な観察者のフェアプレーによる競争で成り立つもので、それが貧困層をなくすと考えた。『国富論』で1回だけ使った「見えざる手」を、『道徳感情論』の中でも1回だけ使っていることが象徴的で面白い。

第4章

マルクスは、資本主義が資本家のためのしくみだと批判した

島君が
資本のしくみを
調査してくれた
今からその
報告を
してもらおう
諸君も
よく聞いて
おくように
では
島君よろしく
はい

さあ果たしてどこまで理解できているか
調査にあたって私はまずマルクスの『資本論』を読み資本は資本家のために動くのだと分かりました
あの難解な『資本論』を読んだのか

NEXT

資本主義の「資本」とは何か。

―マルクスの『資本論』から学ぶ―

お金を増やすために投資されたものを資本という

「投資」とは、資本家が「資本」を使うこと

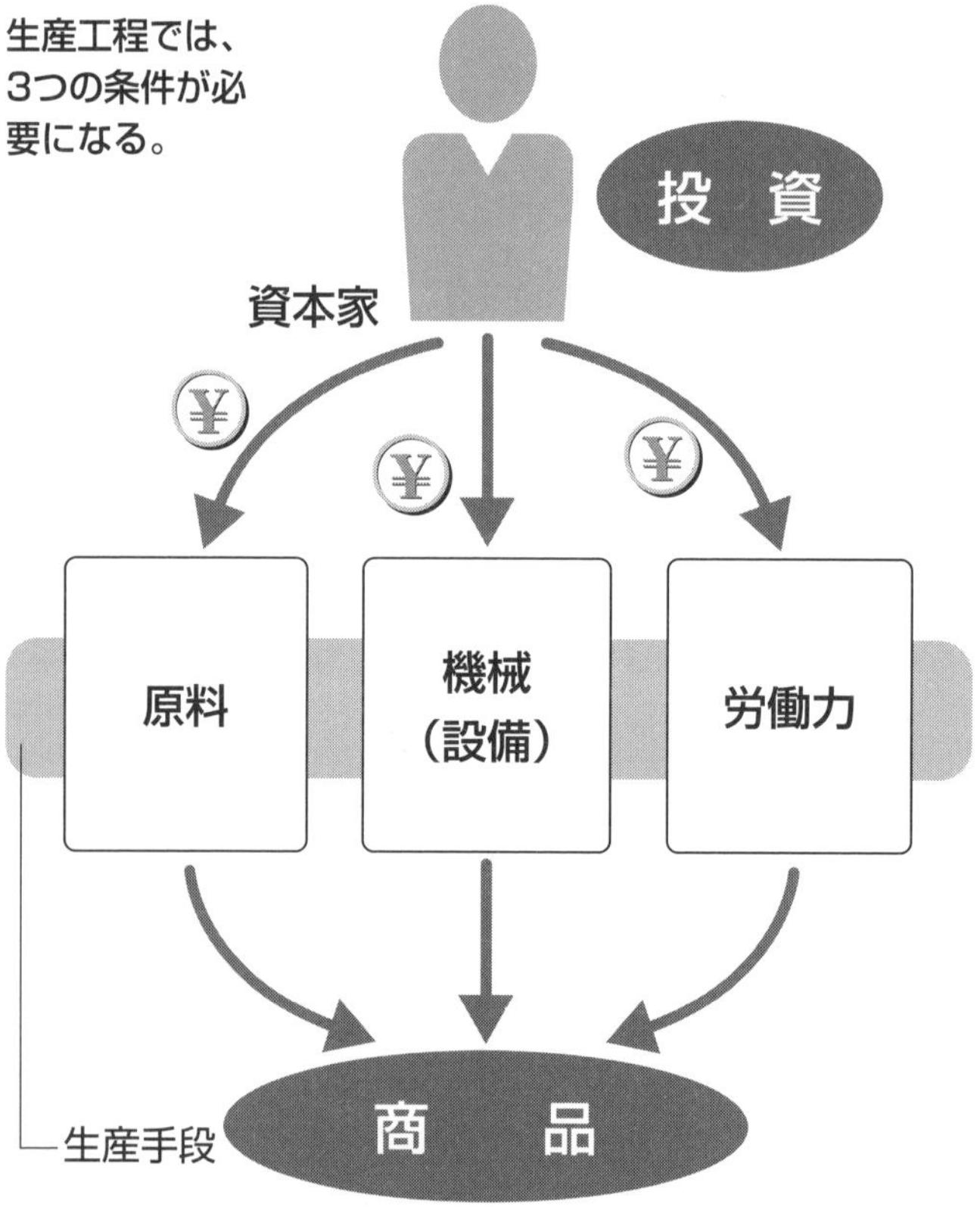
生産工程では、
3つの条件が必
要になる。
投　資
資本家
¥
¥
¥
原料
機械
（設備）
労働力
生産手段
商　　品

マルクスが、商品流通のしくみをW（商品）—G（貨幣）—Wという等式で表した通り、商品流通では、等価交換が原則だ。だが、等価では剰余価値が生まれない。剰余価値は生産で生み出されるのだ。

　たとえば100万円の資本でパン工場を興したとしよう。工場では小麦粉などの原材料を仕入れ、労働力を投入してパンを作る。もし、このときの売上が100万円だとすると利潤は出ないので、資本を投入した意味がない。資本家の「資本」とは、事業を行う元手を指す。これは増やすことを目的としたお金だ。だから資本家は労働力を搾取して価値を増殖させ、100万円＋αにしようとする。

資本家は期待を込めて投資をする

資本家は資金を投入するとき、できる限り多くの価値が増殖されることを期待する。

国際競争が激化していることによって技術の進歩や優秀な人材が育ってきています

競争力があれば投資のメリットも大きい
企業内での個々人の競争が企業間、地域間、そして国内の競争へとつながり国際競争力が養われてゆく

同時に製品開発や技術進歩のスピードにも驚きですなこれは投資の期待が持てる
利潤を追求する資本家たちにとって、投資は経営の戦略となる。

マルクスは、資本を可変資本と不変資本の2つに分けた

資本を投入するのは利潤のためだ。では資本はどこで利潤を生み出すのだろうか？ それは売るときではなく、生産するときだ。たとえばパン工場では小麦を原料として仕入れ、機械を使ってパンを作る。小麦の仕入れ値と機械の減価償却がパンの価値に反映されるはずだ。つまり小麦と減価償却の価値が小麦からパンの価値に移っただけだ。つまり、パンを作る過程では資本の価値は変わっていない。これらの資本を「不変資本」と呼ぶ。

では、利潤が出るのはどこか？ マルクスは労働力こそ剰余価値を生む源泉で、資本家はそれを搾取していると言った。資本家が労働力という商品に対し、対価以下のものしか賃金として与えないからだ。すると、資本（お金）を増やすのは労働力ということになる。マルクスは労働力という資本を、価値を変化させるという意味で「可変資本」と呼んだ。

資本を2つに分類したことで利潤が算出できるようになる。不変資本を「C」(Constant)、可変資本を「V」(Variable)、剰余価値を「m」(mehrwert ドイツ語）と定義すると、m÷（C＋V）。これを利潤率と呼ぶ。

マルクス経済学とは違う意味の「資本」

マルクスは、資本を「不変」「可変」の2つに分け、資本を増やすのは労働力のみとしていた。これが労働価値説だ。

現代の経済学では、現金や株式などの「金融資本」や土地や設備などの「物的資本」が価値を生むといっているが、マルクス経済学ではこれを否定する。

資本の「不変」、「可変」は価値を示す

不変資本
C

価値の大きさが変化しない。

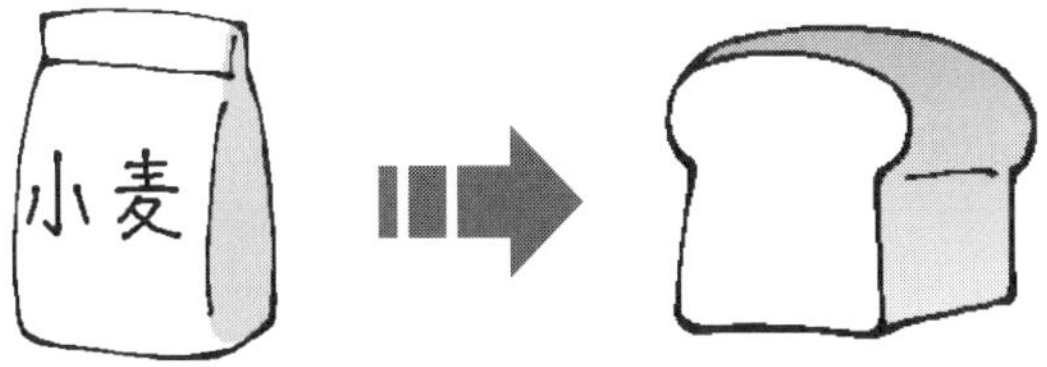
小麦

もしも小麦の価値が
100円上がったら……

パンの価値も100円
上がる

可変資本
V

価値の大きさが変化する。

今日は5つも
できたぞ！

労働力が消費され
ると……

新たな価値が生ま
れる

先週までは順調に話し合いが進んでいたんだ！
それが突然今日になって……
突然だよ?!
銀行が資金の貸し付けを停止するって言い出したんだ！

機械や人材に投資
するには、多額の
資金が必要になる。

単純再生産とは、生産を同じ規模でくり返すこと

不変資本と可変資本を投入することで、商品が生産される。これを続けることで、資本家は剰余価値を再生産していると指摘するマルクス。さらに、この再生産には2種類あると言葉をつなぐ。その1つが「単純再生産」だ。

これには、資本家からと労働者からの2つの視点がある。まず資本家の単純再生産を見てみよう。たとえば、100万円投資して110万円分の生産品が生まれたとする。投資額（不変資本＋可変資本）と生産品の差額である10万円が剰余価値だ。資本家は1日で10万円を使い果たすとする。そして、次の日にまた10万円が手に入る（再生産される）。このくり返しを資本家から見た「単純再生産」と呼ぶ。

次は労働者の視点だ。労働者は労働力を資本家に売ることで対価の賃金をもらっている。それは食料や衣服など日常的な最低限の消費で消えてしまう。その理由は、資本家が剰余価値をできるだけ増やすために、最低限の分しか賃金を渡さないからだ。だから次の日も、また次の日も労働力を売り続けなければならない。

同じ品質で再生産することが難しい場合もある。

単純再生産が行われるには法則がある

大前提として、次の式がある。

$$W = C + V + m$$

（商品の価値）　（不変資本）　（可変資本）　（剰余価値）

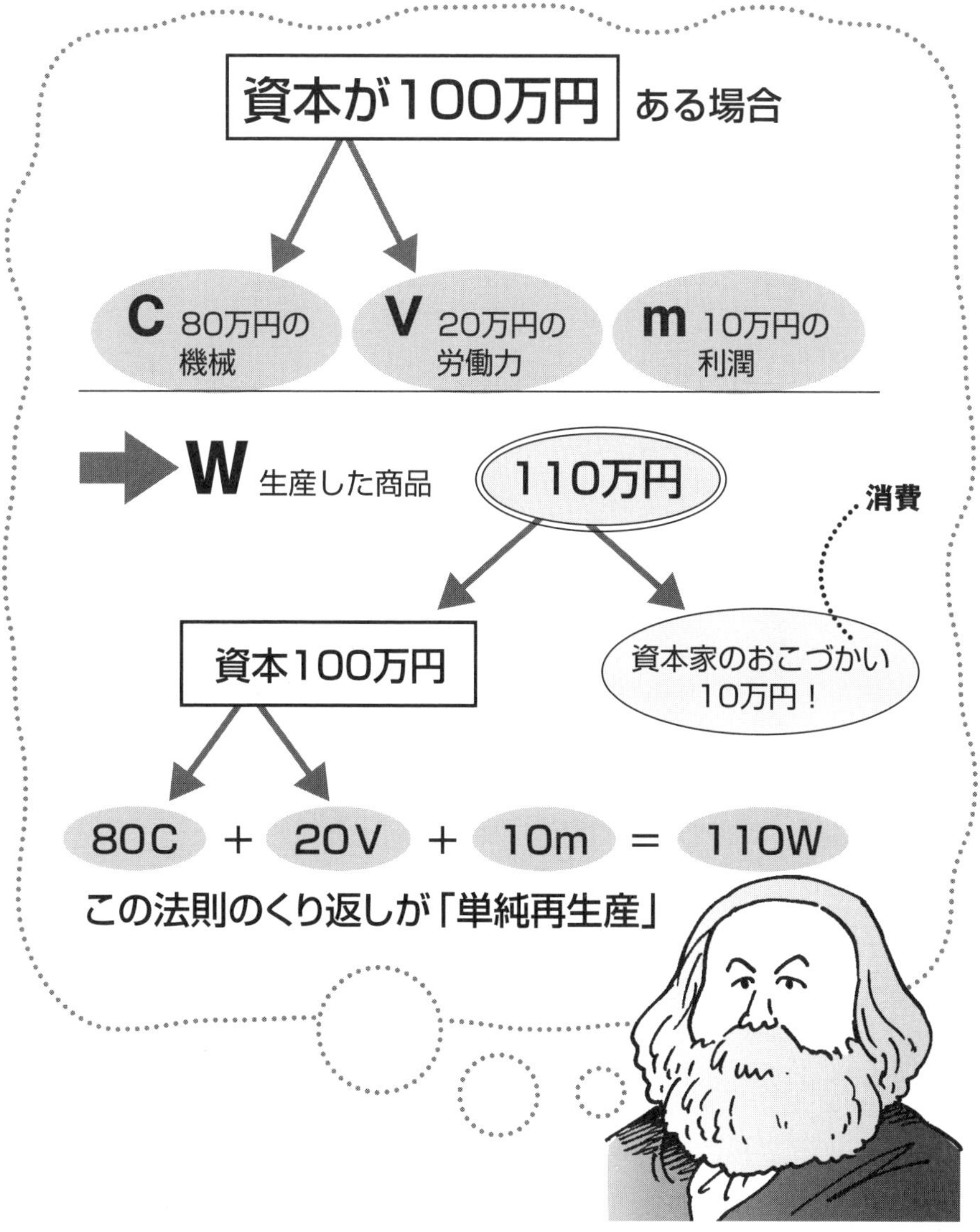

資本が100万円 ある場合
C 80万円の機械
V 20万円の労働力
m 10万円の利潤
W 生産した商品
110万円
消費
資本100万円
資本家のおこづかい 10万円！
80C + 20V + 10m = 110W
この法則のくり返しが「単純再生産」

拡大再生産とは、利潤の再投資で生産規模を大きくすること

単純再生産は、資本家が剰余価値を使い切ることで現状維持が続くことを紹介した。では、資本家が剰余価値を増やそうとしたとき、何をするだろうか？　マルクスはこれについても研究している。

資本を投入して剰余価値が得られるのだから、単純再生産のように利潤を使い込まないで、資本として新たにつぎ込んだら、もっと剰余価値が増えるはずだ。利潤の再生産が雪だるま式にできるというわけだ。これを「拡大再生産」と呼び、「単純再生産」と対比させている。

だが、生産性を上げてもその製品が全部売れなければ利潤の連鎖は生まれない。そのため、投資方法が問われることになる。新しい機械などの生産手段を手に入れて、労働コストを削減するのもそのひとつだ。

拡大再生産は資本家同士の競争を誘因し、大量生産による大量消費を生み出す。やがて市場は飽和し、製品の価格が下がると同時に労働力の価値も下がる。このため利潤確保を持続させるには、新たな投資を止めることなく行う必要がある。これを資本主義社会の原理としたマルクス。資本家による労働者からの搾取が止まらないという理由はここにある。

マルクスは数学が苦手だった

数学が得意でなかったマルクスは、独学で数学を覚えた。微積分もこなしたが、『資本論』でそれを使うことはなかった。数式の代わりに、マルクスの難解な言葉を以て資本主義の何たるかが解説されているのだ。

現在の経済学は専門的な数学理論が必要だが、『資本論』は数学が苦手な人でも思考すれば解読できる。その意味で、多くの人に開かれた経済学書と言えるのかもしれない。

この技術が広まる前に勝負にでなければいけませんね
まかせて下さい
その資金はすべて
初芝電産が責任を負います！

拡大再生産は資本家の理想的な経営システム

資本家の理想

資本家

- より多くの利潤を得たい
- 他のライバルに差をつけたい
- 競争に勝ちたい

▼

拡大再生産

機械や設備を充実させて、最新の物を作る

▼

・生産性が上がり、より多くの商品を作ることができる
・機械化によって、労働コストを削減できる

▼

利潤増大

企業の合併や買収は、資本蓄積や資本集中のしるし

資本家が他の資本家から収奪する

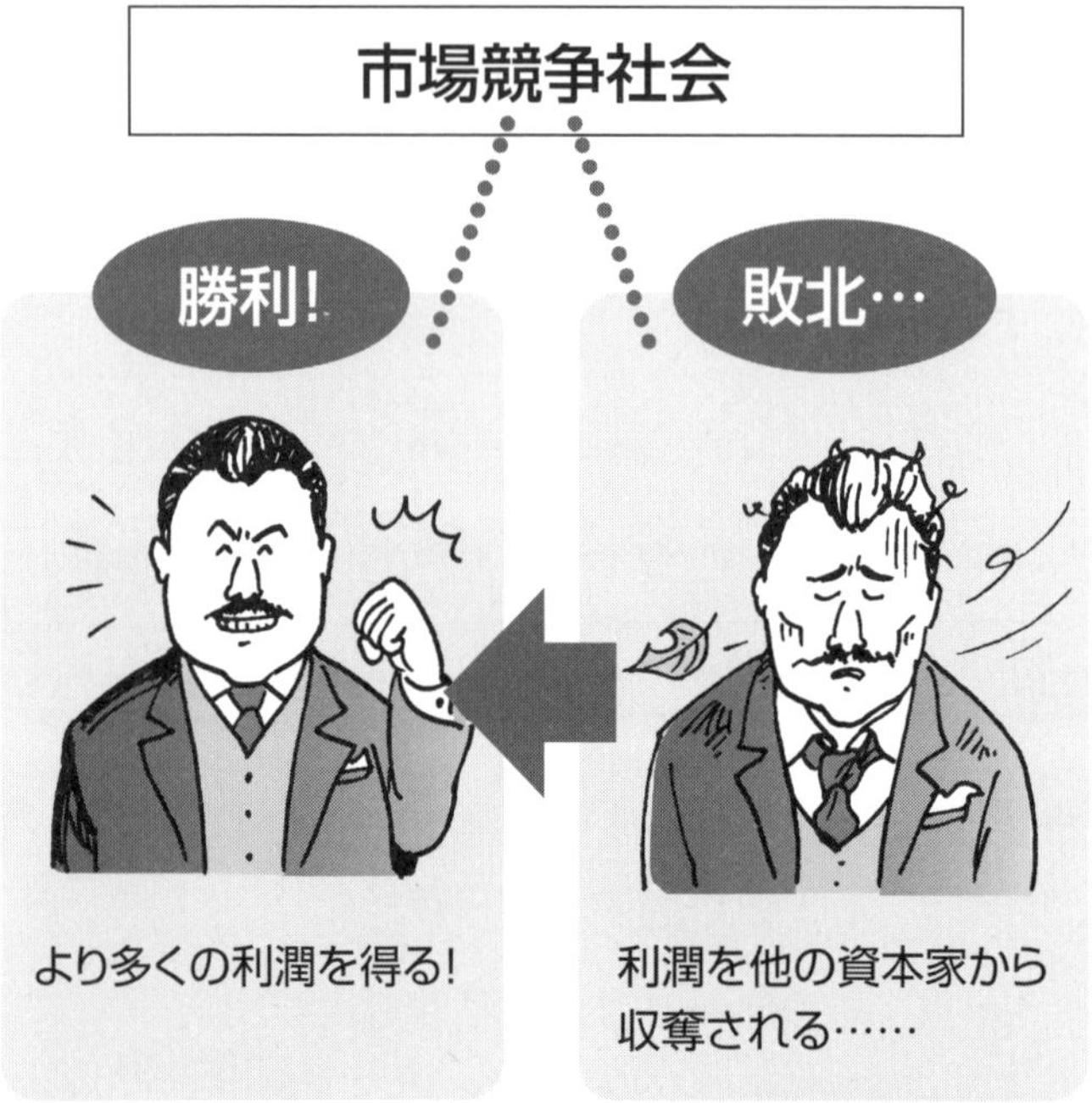
市場競争社会
勝利!
敗北…
より多くの利潤を得る!
利潤を他の資本家から収奪される……

○資本の蓄積
○技術開発や設備投資
○市場での占有率の拡大

×事業規模の縮小
×競争力の低下
×買収される恐れ

拡大再生産では、不変資本に資本が投入されていくので、機械化や技術革新が進み、可変資本＝労働力が少なくなっていく。すると、資本家の可変資本が抑えられ、利潤が拡大＝資本増となる。このように、資本家が拡大再生産を続けて資本を増やすことを「資本の蓄積」という。

競争が激しくなると、資本の蓄積が追いつかなくなる。すると、資本家の淘汰が始まり、資本が他の資本に吸収されて、ひとつの資本家に資本が集まり始める。これを「資本の集中」という。

現代の企業買収（M&A）は、まさにこの図式。こうして資本家と労働者の富の差は加速して拡大していくのだ。

資本家は国際競争のために、国境を越えて協力する

国際競争の中で生き抜くために、資本家たちは外国の企業と協力して規模を大きくすることもある。

共同出資？

ご存じのように
中国での事業は
ほとんどが
合弁会社になります

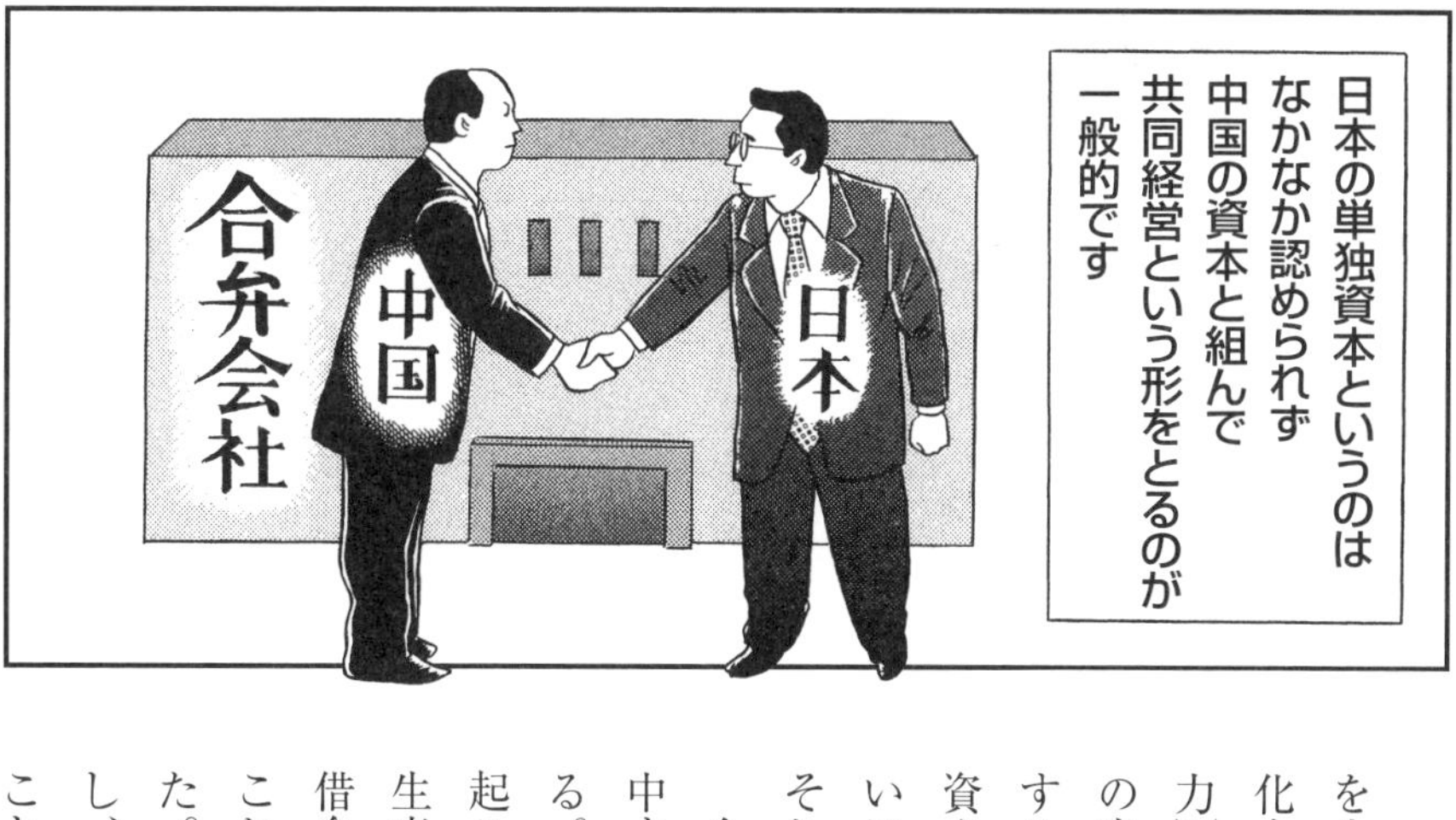
日本の単独資本というのは
なかなか認められず
中国の資本と組んで
共同経営という形をとるのが
一般的です
合弁会社
中国
日本

　マルクスは、資本家が不変資本を生産に投入し、拡大再生産を強化することによる可変資本（労働力）の減少を「資本の有機的構成の高度化」と呼んだ。これを実証するのが「C（不変資本）÷V（可変資本）」という計算式。数値が高いほど資本の優秀性を意味するが、それは失業という試練も与える。

　企業間競争が激化し、資本が集中することで企業規模が大きくなる。さらに企業同士の競争激化が起こると、資本の集中では拡大再生産が間に合わなくなる。すると、借金による資本投入が必要となる。これが信用制度を急速に発達させた。後に、金融という概念が誕生し、富の一極集中化が進んでいくことになる。

資本は、貨幣→生産→商品へと姿を変えていく

資本が商品に変わる「資本の変態」

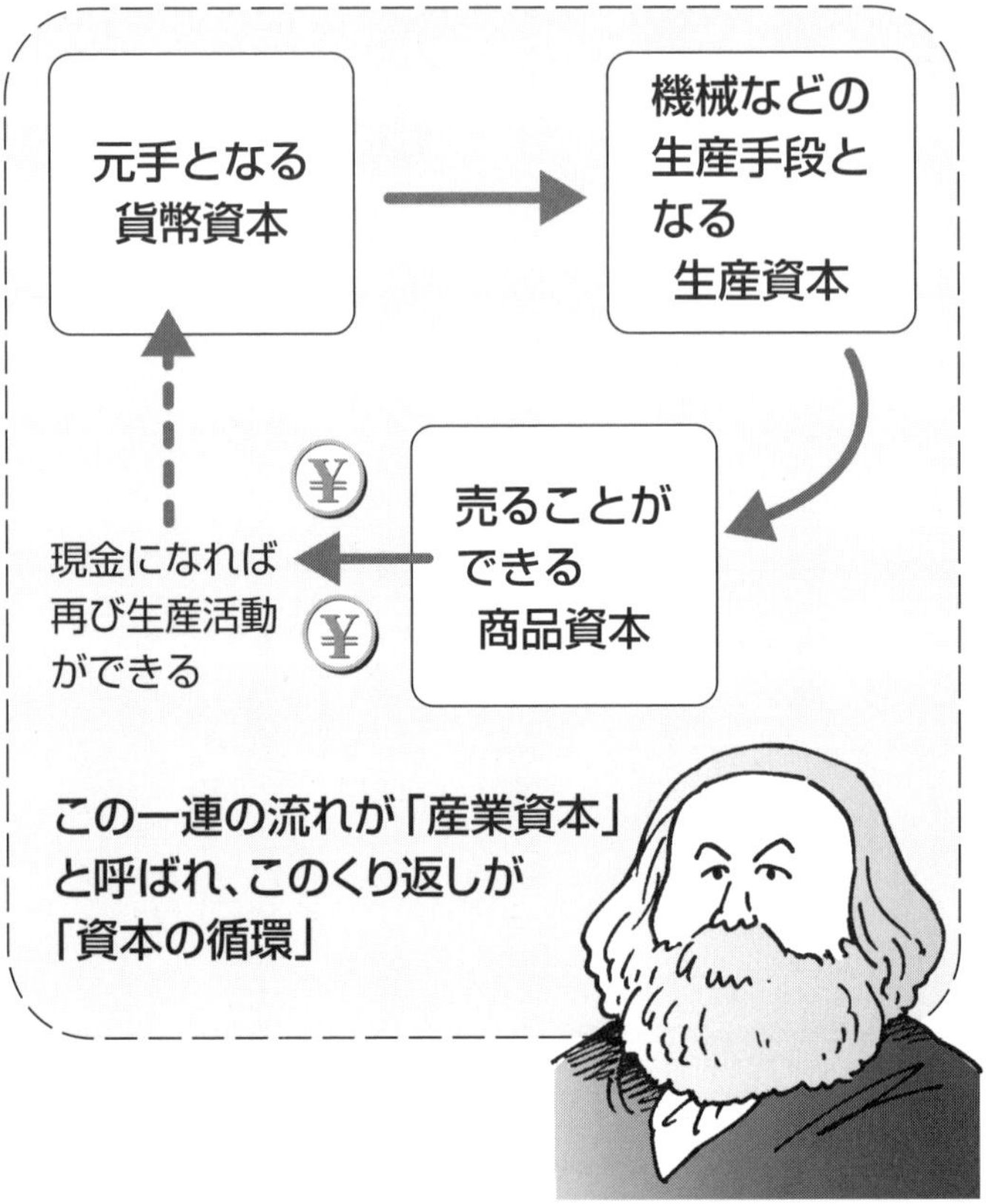
元手となる
貨幣資本
機械などの
生産手段と
なる
生産資本
売ることが
できる
商品資本
現金になれば
再び生産活動
ができる
この一連の流れが「産業資本」
と呼ばれ、このくり返しが
「資本の循環」

資本家が資本を投入するとき、元手となるものが必要だ。元手とは、それを使って商売が始められるもの。それは「貨幣資本（現金）」、「生産資本（機械など）」、「商品資本（すでに商品を持っている場合）」の3つである。

資本家が商品を作るには、最初に現金を投じて機械を購入したり、人を雇ったりする。つまり、資本は、貨幣資本→生産資本→商品資本と形を変えていくのだ。マルクスはこれらを「産業資本」と呼び、このような資本の変態の流れのことを「資本の循環」と呼んでいる。

企業活動では、原料生産・製品生産・流通・販売など、様々な企業が同時に動き、複雑な相互作用で利潤を拡大させている。

資本は企業間を流れていく

貨幣資本、生産資本、商品資本、どの資本も常に流動的であり、複数の企業間を循環する。

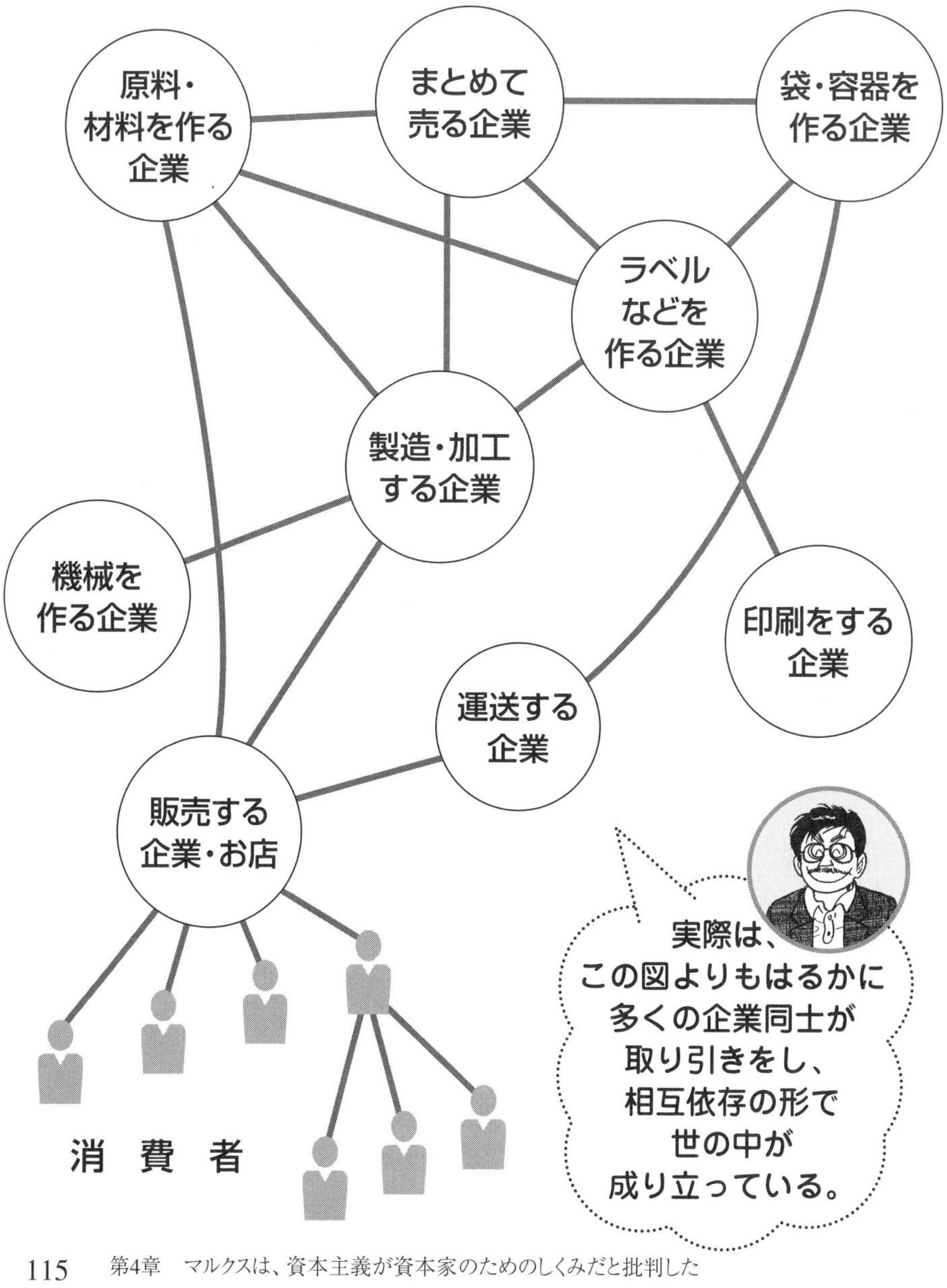

原料・材料を作る企業
まとめて売る企業
袋・容器を作る企業
ラベルなどを作る企業
製造・加工する企業
機械を作る企業
印刷をする企業
運送する企業
販売する企業・お店
消　費　者
実際は、この図よりもはるかに多くの企業同士が取り引きをし、相互依存の形で世の中が成り立っている。

資本家は、常に短期間で利潤を上げたいと考える

「生産」と「流通」を併行すると無駄が減る

資本の回転……資本の循環がくり返されること。

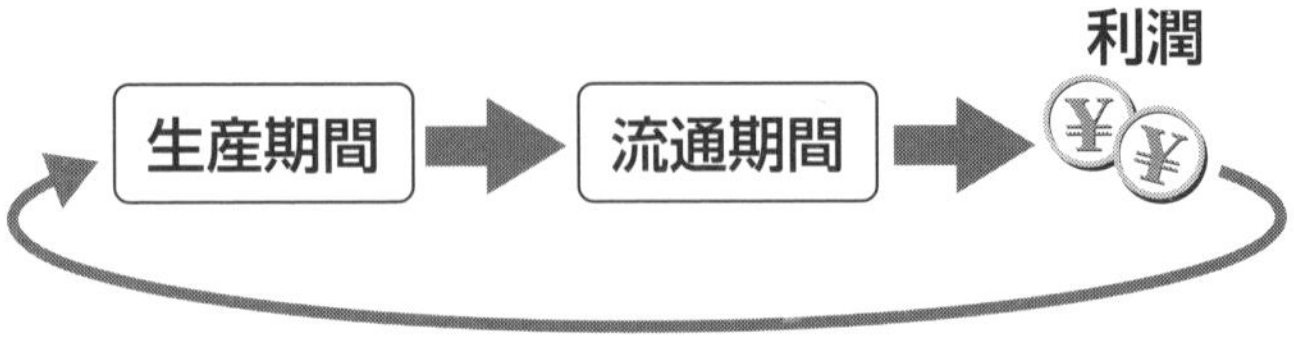
利潤
生産期間
流通期間

この回転をくり返す場合、流通期間中は生産活動が行われないことになる。その無駄を減らそうとする。

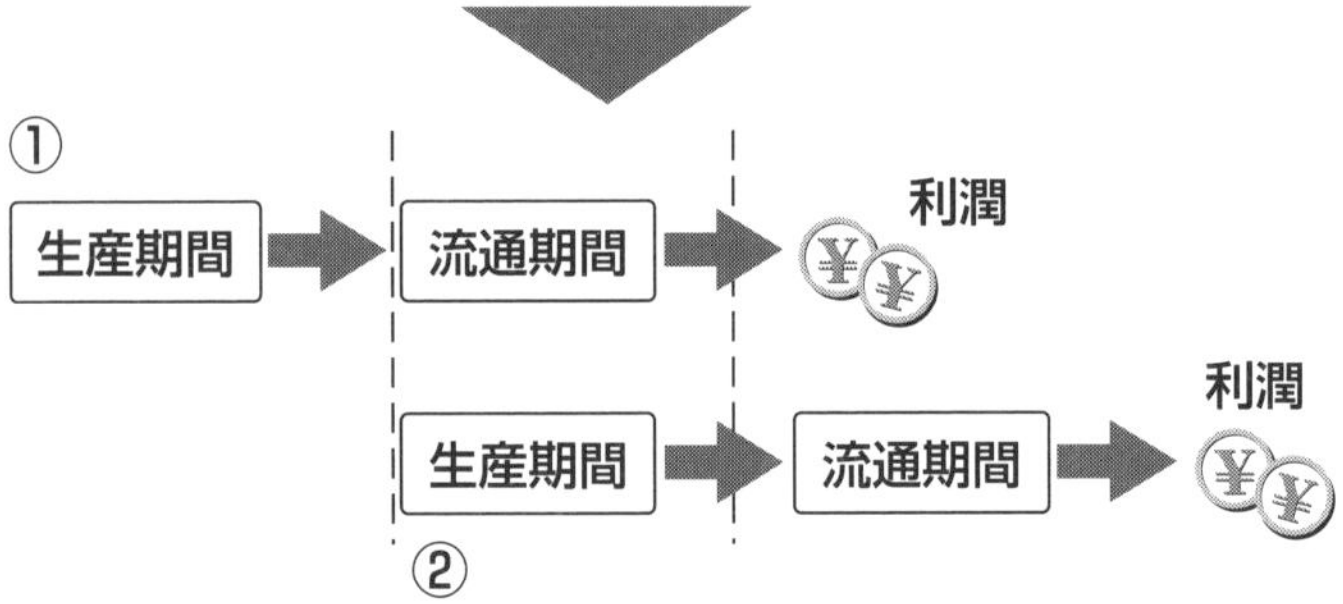
①
生産期間
流通期間
利潤
生産期間
流通期間
利潤
②

流通期間の短縮で資本の回転が速くなり、資本を節約できる。

資本家は資本を周期的に循環させることで剰余価値を実現する。これを「資本の回転」という。資本の剰余価値が生まれるのは、消費者の手に売られたときだ。それまで製品は、工場などで行われる「生産期間」と、出荷されて売られるまでの「流通期間」の2つの期間を経ている。

この2つの期間には大きな違いがある。それは、流通期間中は新たな価値が生まれないことだ。その間にも機械などの不変資本は減価償却が発生するので、この間を放っておくのは無駄となる。そこで、資本家は流通期間と生産期間をなるべく短くする。資本を継続的に回転させることで、資本がスパイラルに拡大するのだ。

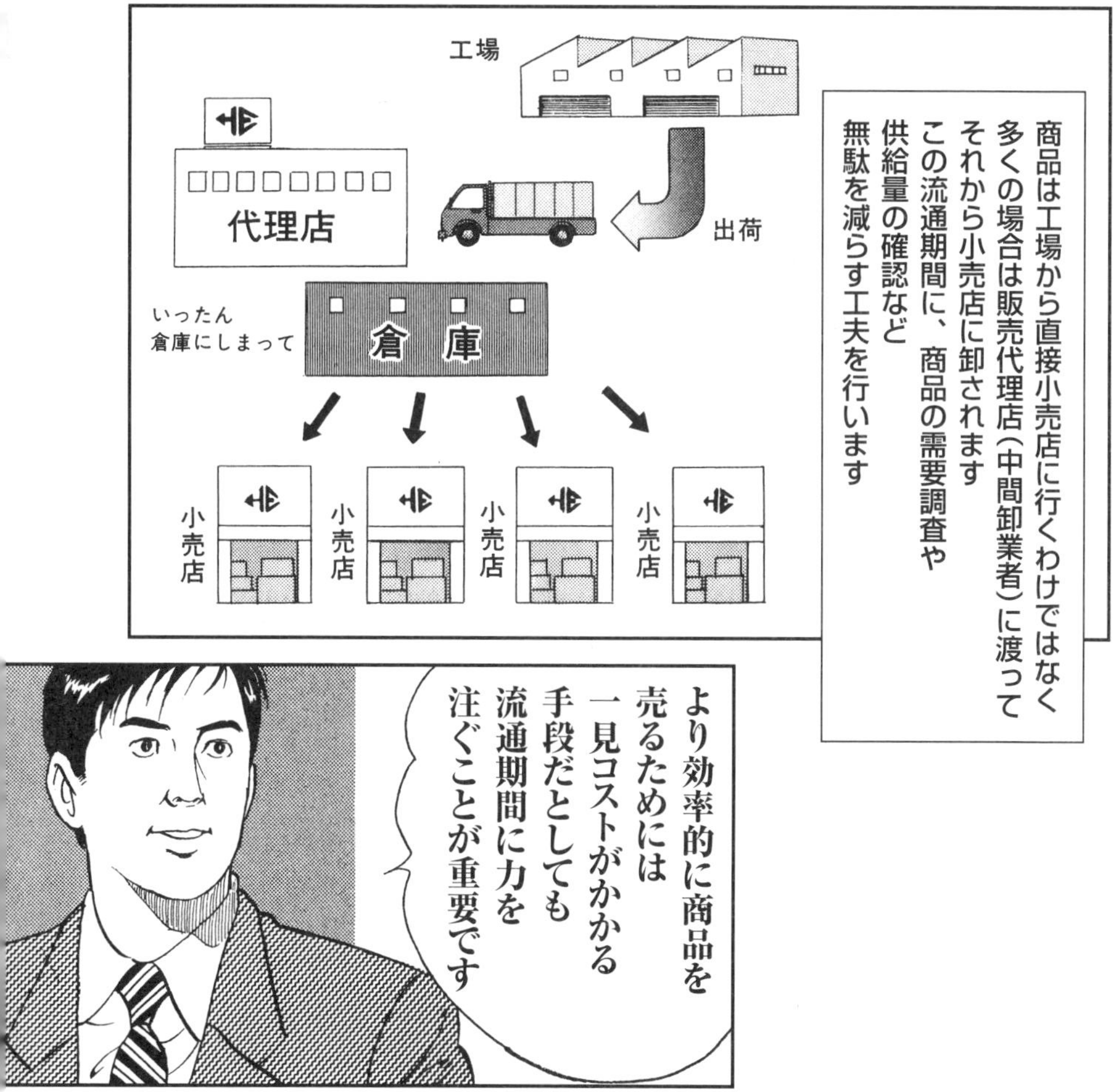
商品は工場から直接小売店に行くわけではなく
多くの場合は販売代理店(中間卸業者)に渡って
それから小売店に卸されます
この流通期間に、商品の需要調査や
供給量の確認など
無駄を減らす工夫を行います
工場
出荷
代理店
いったん
倉庫にしまって
倉庫
小売店
小売店
小売店
小売店
より効率的に商品を
売るためには
一見コストがかかる
手段だとしても
流通期間に力を
注ぐことが重要です

よりみち
コラム

マルクスは頑固者だった

マルクスを「傲慢で頑固な人間」と評した記述が多数ある。たとえば、南北戦争で活躍した後、上院議員になったカール・シュルツは、「論理的で明確だが、その立ち居振る舞いは人を傷つける。我慢ならない傲慢さをもった人物」と評した。

これは多くの人が共有したマルクスの人物評だったが、この偏屈さがあったからこそ、20年以上の歳月を費やしても『資本論』を書き続けられたのかもしれない。

生産性の追求が利潤率の低落の傾向を招く

資本家は常に利潤を上げることを意識して行動する。そして一番に飛びつくのは技術革新による生産の効率化だ。それは労働力を抑えながらも生産性が伸び、剰余価値が上昇するからだ。

しかし、どんな革新的な技術もやがて当たり前になる。その理由は競争相手の資本家がその技術を真似るからだ。するとビジネスの条件は一定になり、一度は抜きん出た剰余価値も傾向的に低落する。こうして資本主義社会ではどのような産業であっても、利潤率の低落化が進んでいくのだ。

マルクスはこの現象を「利潤率の傾向的低落」と呼び、資本主義社会の自己矛盾であるとしていた。つまり、儲けようとすればするほど（資本主義が発展するほど）、社会全体の利潤率が低下するのは必然であると言っているのだ。目先の利益を追求すると、資本主義社会は崩壊の危機にさらされる。それはいくたびも起こってしまった恐慌が証明している。さらに経済の高度化により、恐慌は過去のものとしていた現代でも金融恐慌が起こってしまった。この事実にマルクスは何を思うだろうか。

利潤を追求すると起こる逆現象

利潤を上げようと機械化を進める。すると、利潤がどんどん減っていく。このような矛盾が起こるのは、労働力だけが剰余価値の源泉だからだ。つまり労働力を削減して、既存の労働力で従来の生産量を維持すれば剰余価値も維持できる。

部分的に見れば、人員削減はコストが減るので不況時にはとても有効な手だ。このため現代の日本でも正社員の割合が少なくなっているが、いつかしっぺ返しを受けるだろう。

利潤率を上げるための条件

利潤率は低下していく傾向とはいえ、低下するだけではなく上がる場合もある。

$$P = m \div (C + V)$$

利潤率　剰余価値　不変資本＋可変資本

case1　(C+V) が減る場合

- 生産性の向上
- 貿易などの市場拡大

→ 不変資本（原料や機械）が安くなる

- 物価の低下
- 労働賃金が安くなる

→ 労働人口が余っている

case2　mが増える場合

- 労働時間の増加 → 絶対的剰余価値が増える
- 強制的に労働賃金を減らす → 相対的剰余価値が増える

経済は利子生み資本によってさらに進化した

実際のビジネスでは、原材料を仕入れたり、完成した製品を卸業者に手渡したりなど、複雑な動きがある。日々の決済を貨幣のやり取りで行うのは煩雑な手間がかかる。また常に現金を用意するのも大変だ。

そこで、現金がなくても生産活動を維持できるようにした。そのとき、支払いを約束する手形を発行することで「商業信用」が発展していった。しかし、資本家同士の商業信用ではお互いの資本の規模により制限され、生産活動が滞ることもある。そこで、お互いの商業信用を仲立ちする新たな資本家が現れた。それが銀行だ。

銀行はお金の仲立ちをする。売り手と買い手の間に入り、現金を立て替える。そして回収するときに利子を受け取り、銀行は利潤を上げる。また、銀行は資本家から当面動かさない資本を預かることもした。こうして銀行に集中した資本を、必要とする資本家に貸し出し、預かり先に利子を払う。つまり、資本が利子という剰余価値を生むシステムを作った。これにより金融が誕生し、経済が急速に発展した。

近代経済学とマルクス経済学の違い

1870年代、古典派経済学を変革する「限界効用理論」に基づく価値理論が展開された（限界革命）。これを機に近代経済学が始まった。

近代経済学は資本主義社会を前提に組み立てられているが、マルクスの『資本論』は資本主義社会の批判的分析に重点が置かれており、その根拠は労働価値説である。よって、この2つの経済学は混じり合うことなく独自に発展した。

貨幣を預けると他人の資本として使われる

銀行にお金を預けても、そのお金はただ保管されるだけではない。他の資本家の資本として使われる。

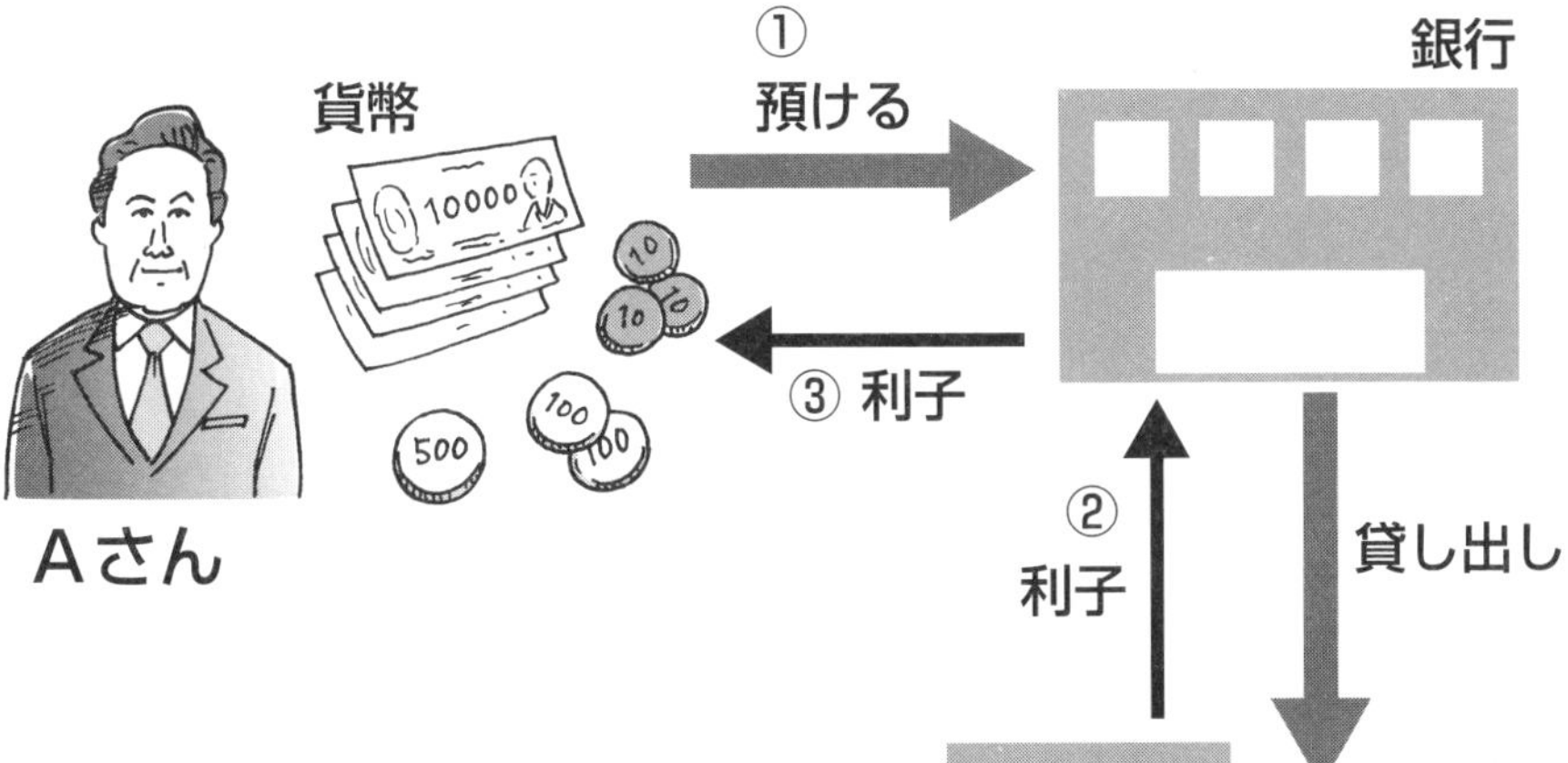

貨幣
①
預ける
銀行
③ 利子
Aさん
②
利子
貸し出し

①
Aさんが銀行に預けた貨幣は、「資本」としてBさんに貸し出される。

②
Bさんは銀行から借りた資金で利潤を上げ、その中から利子を返す。

③
銀行はBさんから戻った利子のうち一部をAさんに返す。

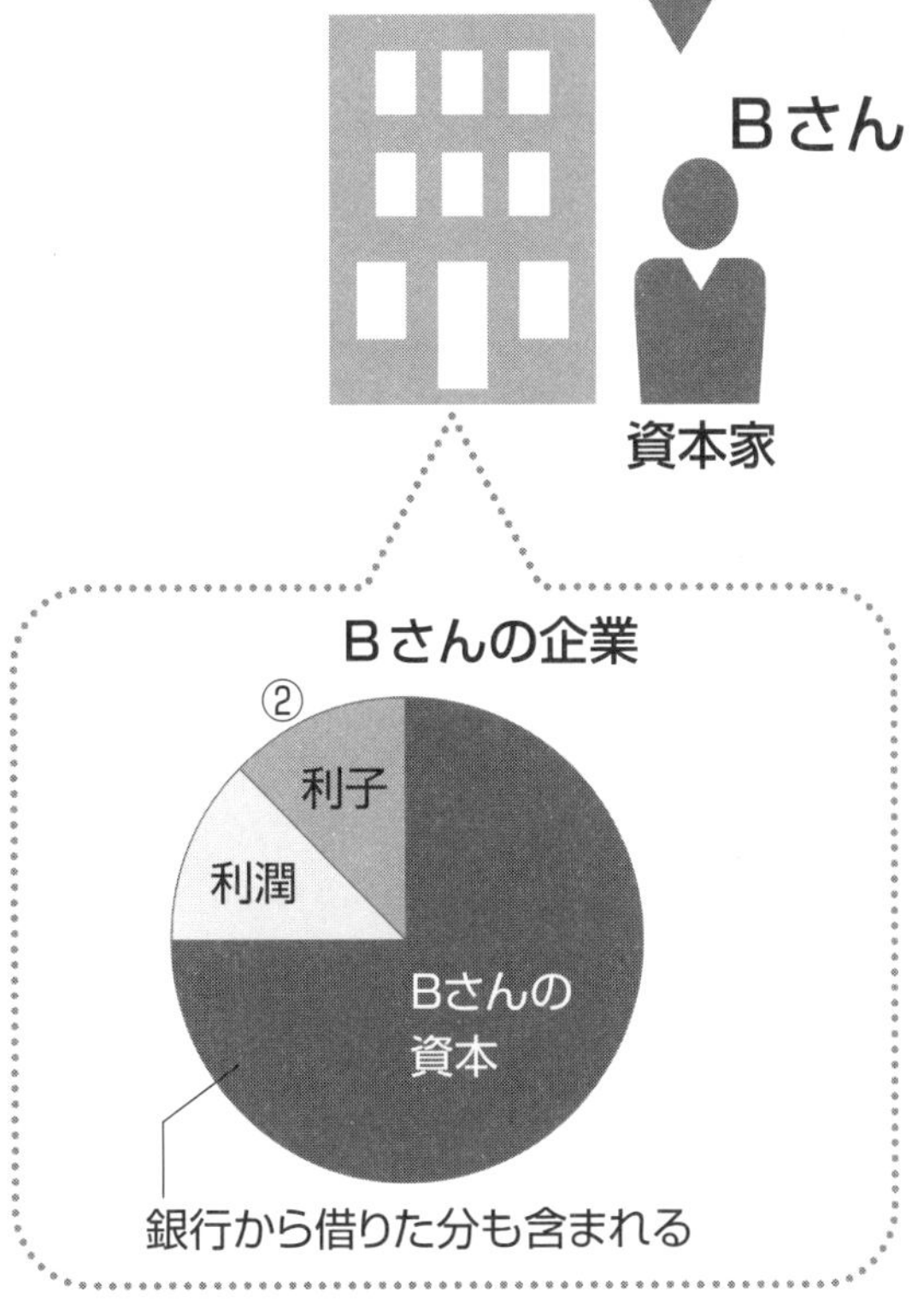

Bさん
資本家
Bさんの企業
②
利子
利潤
Bさんの資本
銀行から借りた分も含まれる

銀行の始まりは「信用」の始まりだった

両替商が銀行になった

約2500年前の大昔

ギリシャで両替商が栄えていた。いくつもの都市でそれぞれの貨幣を使っていたので、たくさんの両替商が必要だった。

▼

都市の発展とともに、にせものの貨幣が出現。そのため、両替商は貨幣を正しく見極める能力を必要とされた。人々はその能力を「信用」し、両替をしたり、貨幣を預けたりした。これが、銀行の始まりであり、「信用」の始まりだった。

銀行の始まりについては、他にもいくつかの説があると言われている

日本の金融機関は細かく分かれている

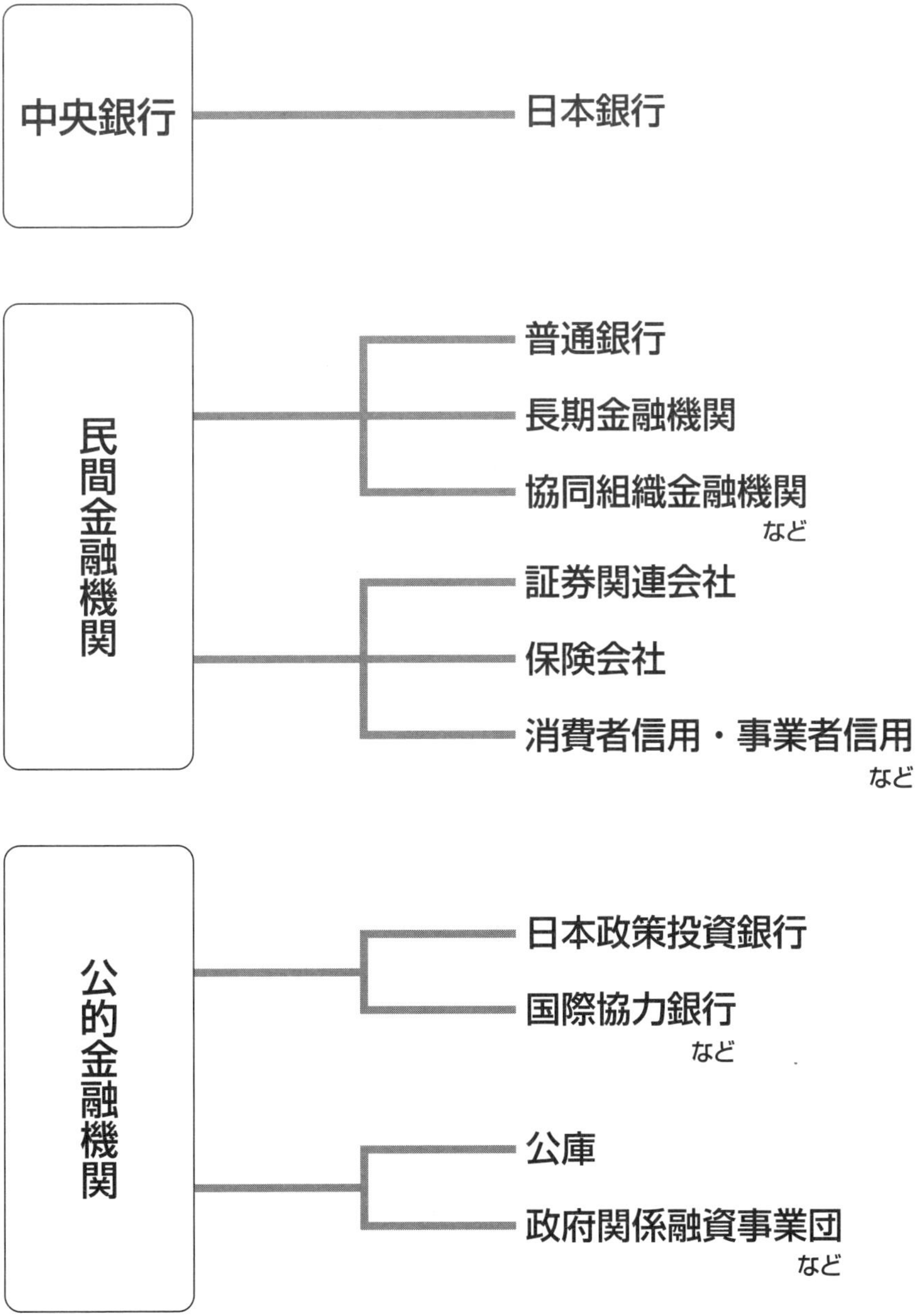
中央銀行
日本銀行
民間金融機関
普通銀行
長期金融機関
協同組織金融機関
など
証券関連会社
保険会社
消費者信用・事業者信用
など
公的金融機関
日本政策投資銀行
国際協力銀行
など
公庫
政府関係融資事業団
など

生産力を増やすために、労働者は組織化されていった

マルクスは労働者の状況を見つめた

マルクスは、資本主義社会における労働者の状況を、客観的な立場から分析した。

「労働者の状況は悪化せざるを得ない」

資本主義のもとでは、労働者の社会的な生産性を高めるために実行される方法は、すべて個々の労働者の犠牲のもとで採用される。生産を向上させるあらゆる手段は、……労働者を人間の断片のようなものに変えてしまい、機械の付属品に貶《おとし》める。……科学が独立した力として労働のプロセスに組み込まれると、労働者は労働のプロセスにそもそも含まれていた知的な可能性から疎外されることになる。

工場制手工業（マニュファクチュア）以前は、職人仕事が主だった。たとえば1足の靴は「皮をなめす」→「皮を靴に加工」というように、個々に独立した職人仕事だった。しかし、マニュファクチュアでは部分労働となった。

産業革命が起こると機械制大工業が始まり、部分労働が加速。すると生産工程が明確に切り分けられ、労働過程での細かな「組織化」が進んだ。

機械化は労働力削減を意味し、労働者は「失業」という不安を抱えるので、資本家の力が強まる。その結果、組織化された労働力は、いつでも入れ替え可能な部品として、資本家にコントロールされるようになった。

失業者が生まれるのには、理由がある

企業が生産活動を拡大しても、縮小しても、失業者は生まれてしまう。

拡大

機械化などの技術革新

→ 必要な人材が減る → 失業

縮小

人材コストを減らすため

→ リストラなどの人材調整 → 失業

→ 企業の倒産 → 失業

就任早々
こんな話をするのは
申し訳ないのですが
私は嘘をつきたくないので
正直に申し上げます
この人員削減策は
今回だけとは限りません
ひょっとしたら
第2次第3次も
あるかもしれません

不況の中で企業が生き残るためにはリストラはやむを得ないのか。

生産の効率化を求めた機械化は必ずしも利潤を増やさない

大量生産は様々な問題を生む

- 機械化による労働力の価値の低下 → 賃金の低下
- 労働が組織化される → 労働意欲の低下
- 大量の資源を消費する → 環境破壊
- 大気汚染・公害の発生 → 公衆衛生への影響
- 商品が大量に生産される → 大量消費になる → 物価の低下

労働の機械化は仕事を楽にし、生産効率も上がるので、労働者と資本家双方にメリットがあるように思える。しかし、これが悪循環の始まりだったということが、マルクスによって明らかにされた。

仕事が楽になったということは、労働力の価値が低減し、給料が安くなることを意味する。また、大量生産・大量消費が始まるので物価が安くなり、資本家はもっと給料が安くても良いと考える。さらに、特殊な技能が必要ないので仕事に従事できる人が増え、ますます給料を安くできる。

このような悪循環で労働者は資本家から搾取され続けている。資本主義社会には、格差を広げるしくみがインプットされていたのだ。

メーカー同士の特売合戦だなあ……

物価の低下は消費者の味方ではない

物価の低下はデフレーション（デフレ）と呼ばれる、不況を招く原因となるもの。

物価が下がる → 「もっと特売になるまで……」と消費が減る → 物が売れなくなる → 企業の利潤が減る → **労働者に支払われる賃金が減る** → 物価が下がる

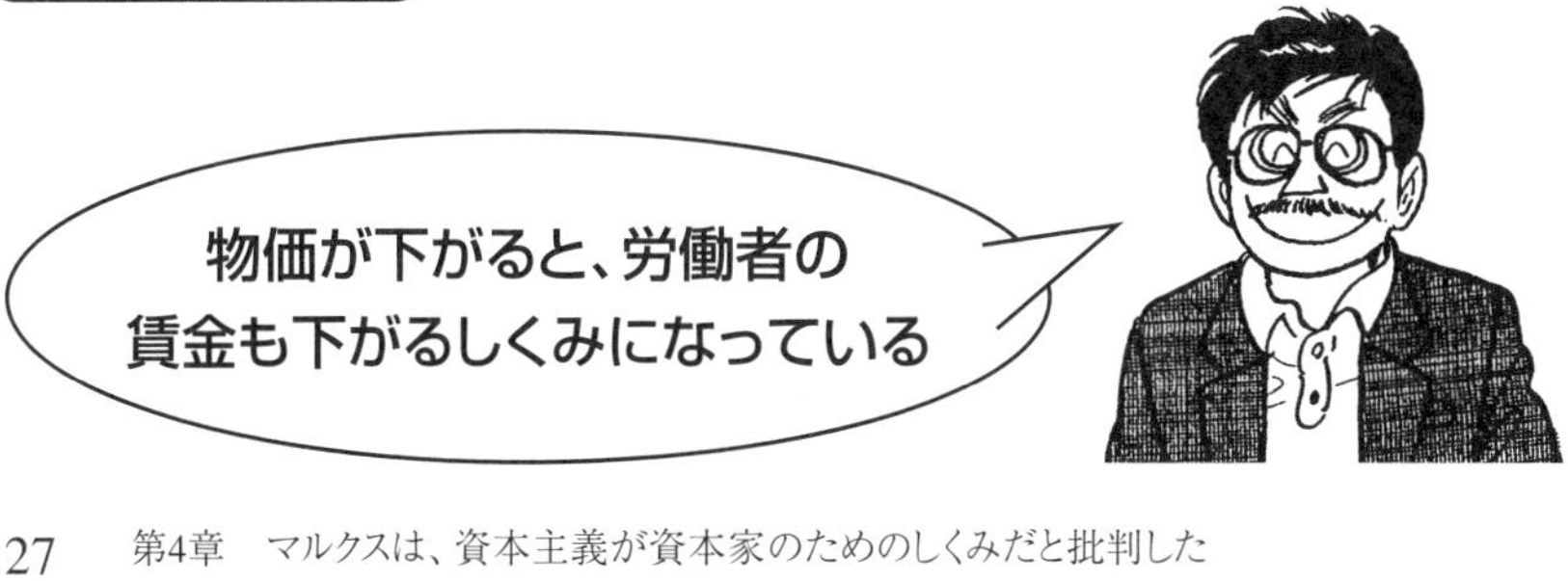
物価が下がると、労働者の賃金も下がるしくみになっている

物が売れない時期に生産をし続けると「恐慌」になる

資本主義社会の第一命題は、ひたすら利潤を追い求めることである。それは拡大生産を止めることができないことを意味する。資本を投入して作られた製品は、利潤を求めて市場に流れ続けるのだ。

このとき、すべての製品が売れてしまえば問題ない。しかし、高い利潤率を求め、生産工程を効率化した工場では労働者が（利潤と対比させて）少ない賃金で働いているので、社会に物が溢れていても消費行動が起こらない。それでも物が市場に流れ続け、資本家の元には在庫がたまる。不合理だが、資本主義社会ゆえにこのような過剰生産が起こるのだ。

資本家もバカではないから生産調整をするなどして、売れるまで持ちこたえようとする。しかし、ライバルの資本家も同じような状況で製品を市場に流し続けたとしたら、社会の総和として過剰生産は止まらない。やがて限界が訪れて急激に景気が後退し、資本家・労働者も含め、社会全体が理性を失う。これが恐慌だ。街には失業者が溢れ、国の信用は失墜。恐慌が戦争の引き金になっていることは歴史が証明している。

マルクスは恐慌を待っていた

産業革命により大量生産・大量消費が始まった19世紀は、10年おきに恐慌が起こっていた。そのたびに資本家の倒産がドミノ式に起こり、市場は混乱、労働者は貧窮した。

マルクスは恐慌が起こるのを待ちわびていた。それは、「恐慌こそが革命のチャンス」と捉えていたからだ。そして、資本主義の矛盾の波が洪水になり、社会の変革が一気に進んでいく、その果てにある共産主義社会の到来を予測していた。

最近の調査で明らかになったことですが古い冷蔵庫とか家具を買い替えたいと思っても廃棄に何千円も取られるのなら我慢してそのまま使い続けると答えた人が大変多かったのです
これが消費が冷え込む原因のひとつになっていることは間違いありませんね
確かにその通りですポットひとつビデオデッキひとつ棄てにくくなっている
なおさら購入しなくなる

マルクスが指摘した「恐慌」のしくみ

不況になると物が余る。一方で、賃金の下がった労働者（消費者）は、物を買う余裕がなくなる。

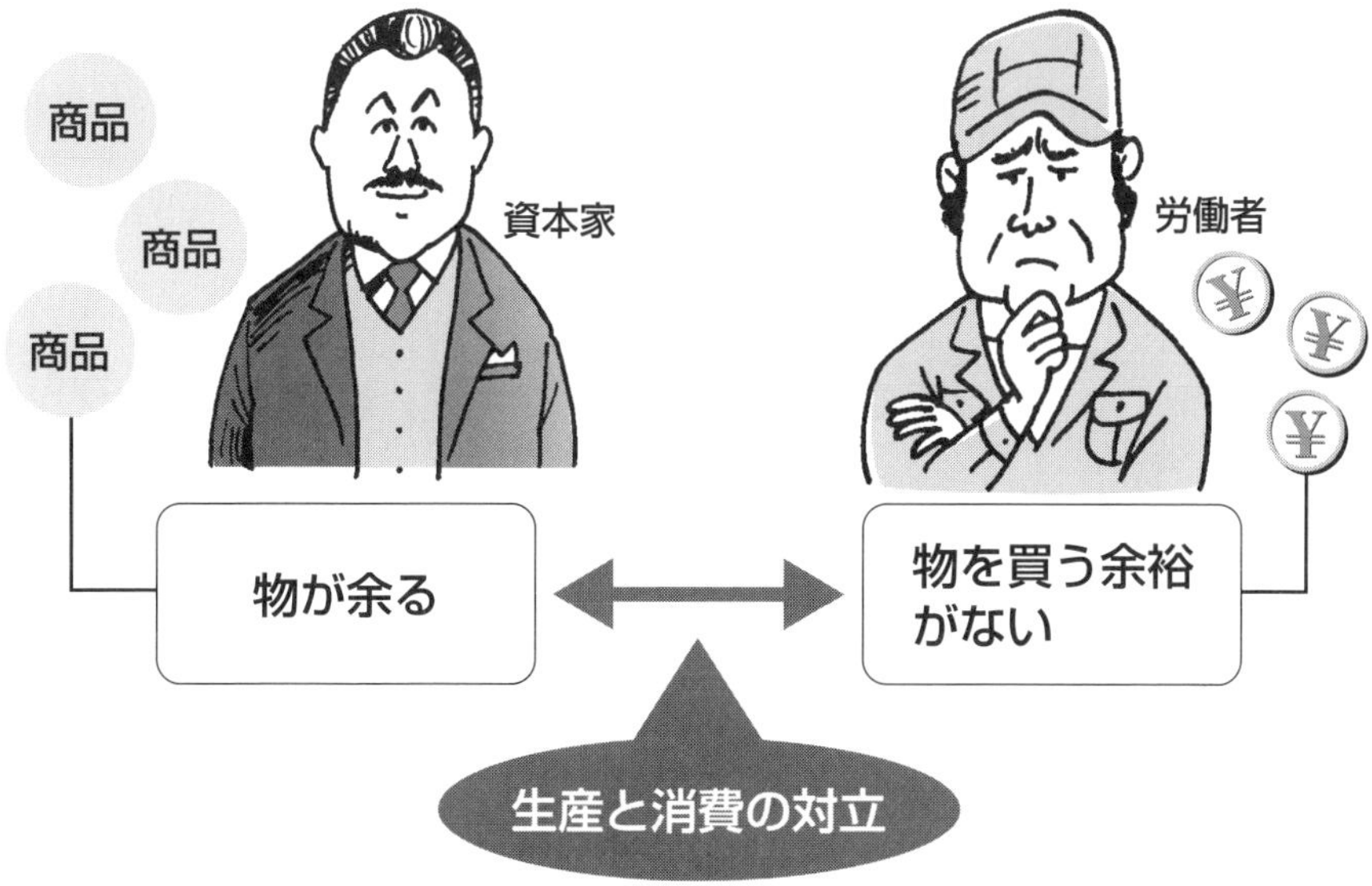
商品
商品
商品
資本家
労働者
物が余る
物を買う余裕がない
生産と消費の対立

恐慌が起こると失業者が激増する

1929年、世界恐慌が起きた

1920年代後半

アメリカのニューヨーク株式取引所で株価が暴落したことをきっかけに、世界規模の大恐慌に突入した。街には失業者が溢れ、多くの銀行や工場が閉鎖された。恐慌は他国へ拡大し、連鎖的に各国の経済が打撃を受けた。

＜主要国の失業者数と失業率＞ 万人(%)

(数字は各年度の月平均)

	アメリカ	イギリス	ドイツ	フランス	日本
1927	189(4)	109(10)	135(9)	3	—
1929	155(3)	122(11)	192(10)	—	29(4)
1930	434(9)	192(15)	314(16)	—	37(5)
1931	802(16)	263(22)	457(24)	5	41(6)
1932	1206(24)	275(23)	558(31)	26	49(7)
1933	1283(25)	252(21)	473(26)	28	41(6)

(データ:山川出版社『新世界史』を参考に作成)

21世紀の金融危機もアメリカから起きた

2007年から、「サブプライムローン問題」によりアメリカの景気が失速し、日本の金融機関にも多大な影響を及ぼしている。

そもそも
サブプライムローンとは……

アメリカの住宅ローンの一種。低所得者などの、信用度の低い個人向けのローン。金融機関や投資家に人気があったものの、2007年頃には貸し倒れが想像以上に進んでいることが分かり、ついに住宅バブルが弾けた。その損失は、またたく間に世界中の金融機関へと連鎖した。

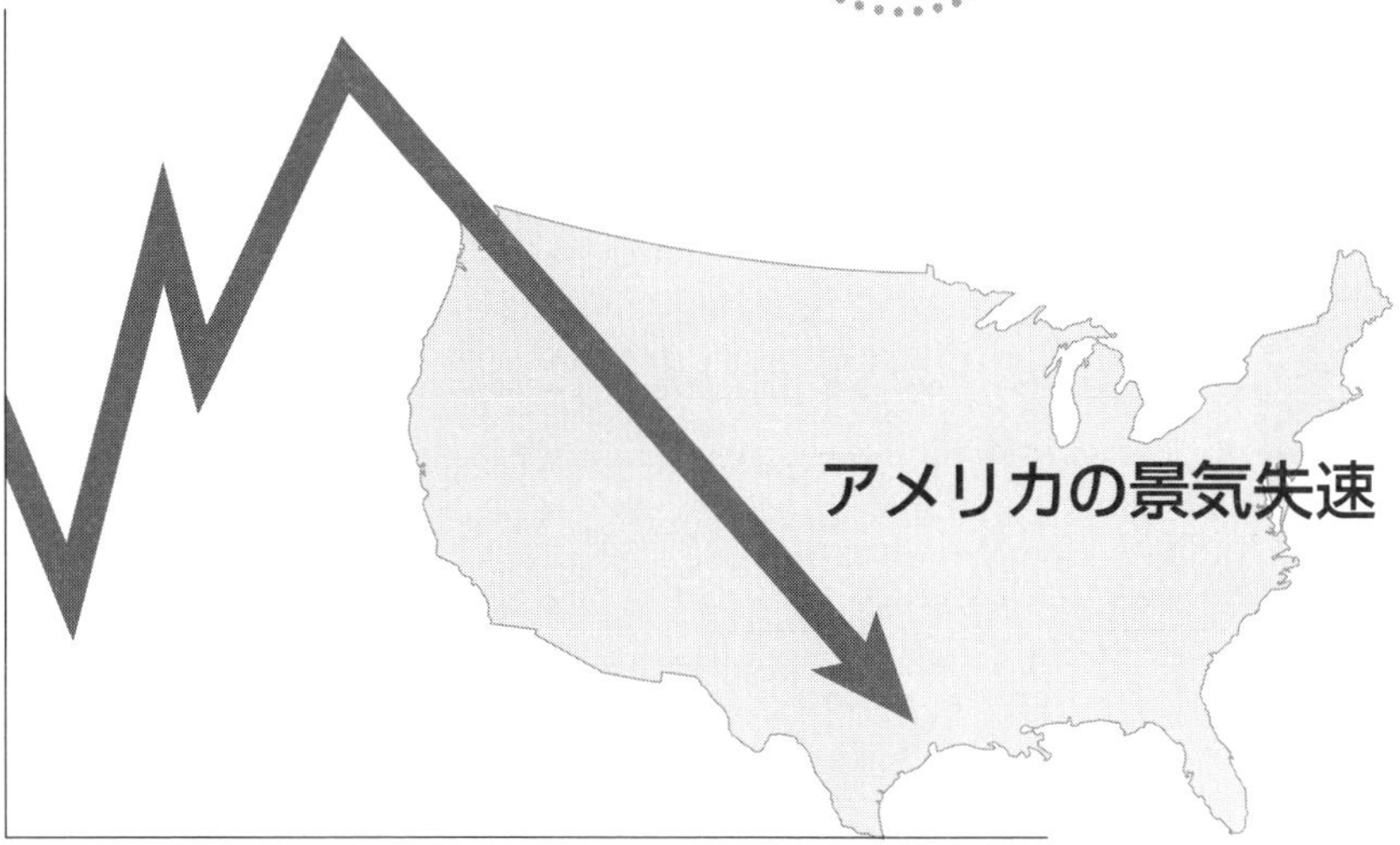

恐慌が企業淘汰を生み、そのしわよせが労働者に及ぶ

マルクスは、資本主義社会が発展すれば恐慌を招くと説いた。資本家は過激な競争に巻き込まれ、淘汰されながら資本が集中していくことも想定していた。そして、社会混乱の犠牲者はいつも労働者であることを危惧していたマルクス。これは資本主義社会の宿命であり、どんな力を以てしても変革できない欠点と考えていたのだ。

マルクスの『資本論』を読み解くと、資本主義を全否定しているのではないと分かる。史的唯物論（P.１４８参照）に立脚すると、資本主義社会は労働者による革命を経て社会主義社会へ、最終的には共産主義社会になるはずだと社会の進化形態を予言している。だからこそ、資本主義社会を経験しなかったソビエト連邦の誕生はマルクスの想定外だった。『資本論』はマルクス経済学として受け継がれ、その後、世界の人口の半分を社会主義国家へと導く。90年代にほとんどの社会主義国家が崩壊することで、「『資本論』は間違いだった」と総括する経済学者もいる。しかし、マルクスの指摘した資本主義社会の矛盾は今なお存在しており、２００８年に起こった金融恐慌も、その一端なのかもしれない。

マルクスの家はカオスだった

『資本論』を書き上げようと大英博物館に通い詰めたマルクスは、ソーホーのディーン街に住んでいた。

長屋で2間しかなかった粗末な部屋は、壊れかけの家具とフチの欠けた食器、原稿や本、新聞、子供のおもちゃ、インク壺、陶製のパイプなどが散乱。マルクス自身も風呂に入って下着を替え、髪の毛や髭を整えるなどをめったにすることなく、就寝の時間も決まっていなかったという。

資本主義のひずみは必ず現れる

景気は良くなったり悪くなったりをくり返すもの。よって資本主義経済である限り、「ひずみ」は必ずやってくる。

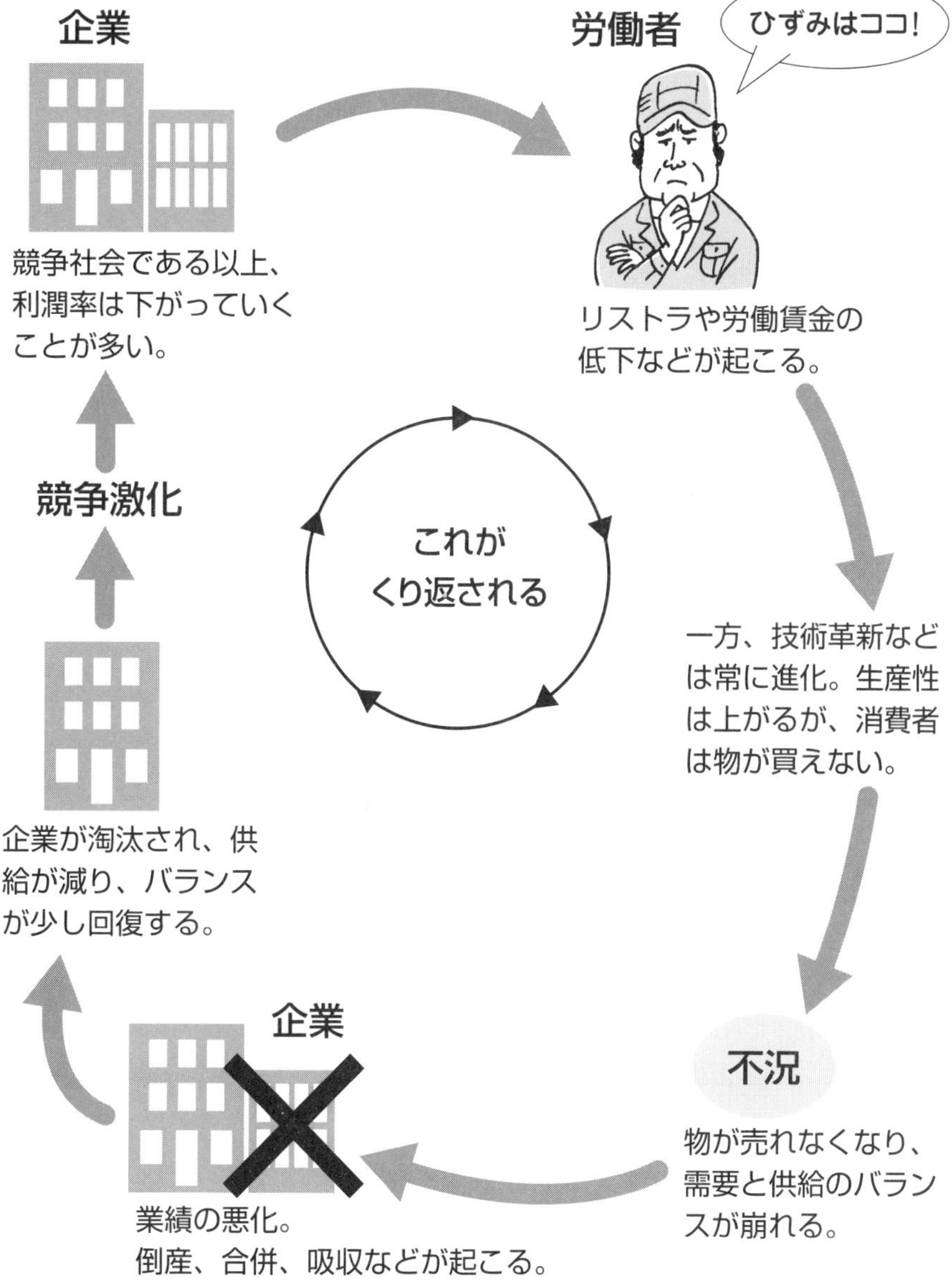
企業
競争社会である以上、利潤率は下がっていくことが多い。
労働者
ひずみはココ!
リストラや労働賃金の低下などが起こる。
一方、技術革新などは常に進化。生産性は上がるが、消費者は物が買えない。
不況
物が売れなくなり、需要と供給のバランスが崩れる。
企業
業績の悪化。
倒産、合併、吸収などが起こる。
企業が淘汰され、供給が減り、バランスが少し回復する。
競争激化
これがくり返される

ヨーロッパ近代哲学

ヘーゲル

ヨーロッパ近代哲学を「完成」させた人物

1770年ドイツ生まれのヘーゲルは、ヨーロッパ近代哲学を体系化した哲学者で、マルクスの思想に最も影響を与えた人物として知られている。ヘーゲルが構築した思考の核は「自由の本質」。その背景には、ヘーゲルが青年期に目の当たりにしたフランス革命がある。封建社会から市民社会への転換期に、自由の息吹を感じ取り、「自由の実感」を思想として体系化していったのだ。

そのときに用いたのが「弁証法」だ。これはひとつの事象に肯定と否定をぶつけ合い、新たな高次元見識を生み出すという思考の方法論。マルクスは『資本論』にこの弁証法を多用している。

ヘーゲルの歴史哲学

マルクス

マルクスを魅了したヘーゲルの歴史哲学

父の薦めで、ボン大学からベルリン大学に移籍した青年マルクスは、ここで生涯の基礎を築く。それがヘーゲルの哲学との出合いだった。

ベルリン大学では法律を専攻していたが、後の著作である『経済学批判・序言』で「専攻は法学だったが、それは二次的なもので、もっぱら哲学と歴史を研究した」と告白している。

当時、ベルリンではヘーゲル哲学の弁証法を発展させようとした青年ヘーゲル派の組織「ドクトル・クラブ」があった。マルクスはこれに参加。ここでの活動を通して、革命的民主主義の思想をヘーゲル哲学の元で立脚していく。

Column

マルクスに
影響を与えた人物

19世紀ヘーゲル左派の代表

フォイエルバッハ

マルクスの史的唯物論に影響を与えた

ヘーゲル左派の代表的な存在であるドイツの哲学者フォイエルバッハは、マルクスの説いた史的唯物論に大きな影響を与えた。

マルクスは、『ライン新聞』を編集していると き、労働者の悲惨な状況を、論説を通じて告発していた。その過程で自分の考えは理念的で、労働者の「物質的利害」に疎いことを痛感。そして、「社会を解剖するとき、その方法は哲学ではなく経済学を用いる必要がある」(『経済学批判・序言』)とし、ヘーゲル哲学を棄て、フォイエルバッハの唯物論へと傾倒していく。フォイエルバッハは、マルクスの現実への目を開かせた人物なのだ。

第5章

マルクスは、政治的意識が高い人物だった

あんさんが　マルクスについてかぎまわっとる理由を聞かせてもらおうか
ちゃんとした説明がない限りこっちとしても後にはひかんぞ
はい弊社の工場での管理職員と従業員との間にトラブルが絶えないため
何を改善すべきかマルクスの知恵から学ぼうと思いまして……

で？
何か
つかんだんかいな？
……はい
労働力の価値が低く扱われて
いることが関係していると……
なめたら
あかんど
このガキィ
何にも分かっとらんのう
マルクスはただ『資本論』を
書いてたわけじゃないんや

NEXT

マルクスが行った活動や
世界へ遺《のこ》したものを解明する。

自らの疑問に答えるため、マルクスは哲学を始めた

知的好奇心が旺盛だった

文学
シェイクスピア、ゲーテ、バルザック、ダンテなど

法学
サヴィニー『占有の権利』、グロールマン『刑法学の根本原理』など

哲学
ヘーゲル、ガンス、フォイエルバッハ、バウアーなど

他にも乗馬やピストルの趣味があった

音楽
ワーグナー、モーツァルト

芸術
ヴィンケルマン『芸術の歴史』

語学
英語、イタリア語、ロシア語など

弁護士を父に持つマルクスは、18歳で幼なじみと婚約をするが、ボンやベルリンの大学で学ぶことになる。父の意志を継ぎ、弁護士としての道を歩むためだった。

最初は父の教えを守り、法律家になるべく法律学を専攻したものの、夢中になって勉強したのは哲学だった。それは当時学生の間で流行していたヘーゲル哲学と出合い、自らの道に疑問を持ったからだ。また、ゲーテの『ファウスト』の影響を受けて戯曲や詩を書くなど、多才な面も発揮。この頃に体制批判の芽が生まれたようだ。

多感な学生時代を過ごしたことが、以後の著作活動に活かされる。著書に引用が多いのも、学生時代に会得した深い知識の賜物だ。

仲間と大いに語った学生時代

ベルリンでヘーゲル哲学を基に、弁証法的な方法を発展させようとする若い哲学者の一団があった。マルクスは19歳の時、このヘーゲル左派と呼ばれたドクトル・クラブに入会。毎夜、酒場で仲間との議論に明け暮れていた。

いやぁ、
マルクスも
学生時代は
よく遊んで
いたらしいぞ
しかも、
決闘事件を
起こした
ことも
あるんだ！

よりみちコラム

マルクスは宴会部長だった

ボンでの大学時代、マルクスはビアホールの常連だったという。自身の出身地でもあり、同郷の仲間を集めた「トリーア同郷会」の副会長を務め、毎晩のように大騒ぎをしていた。ケンカも絶えず、留置所に入れられることもあった。

しかし、それは1年も続かなかった。マルクスが誘惑の少ないベルリン大学に移籍したからだ。そして、後の思想家としての基礎をベルリンの地で築く。

マルクスのジャーナリズムが、ヨーロッパ諸国を震撼させた

マルクスは哲学を実践した

哲学者は世界を解釈しているだけで、大切なのは世界を変えていくことだとマルクスは考えた。

哲学者は議論するだけ
マルクスは現実に目を向けた

大学を卒業したマルクスは、ヘーゲル左派に属し、文筆活動をしていた。マルクスはライン地方の自由主義者・急進ブルジョアにより発刊された反政府的な新聞『ライン新聞』に寄稿していたが、友人の口利きで編集者となった。

マルクスは論説を通じて当時の貧困を告発するとともに広く社会問題を論じた。しかし、ヨーロッパ諸政府を痛烈に批判したため、弾圧を受けて、『ライン新聞』はわずか1年で廃刊。

絶対君主制下のプロイセン専制政治、封建的思想と激しく闘った『ライン新聞』時代の経験は、その後の彼の思想を形づくる礎となる。

貧困の現状を世間に伝えた

『ライン新聞』の論説で、木材窃盗取り締まり法とモーゼルの葡萄栽培者の状況について発表したことがあった。特に、モーゼル地区のワインについては同地区に父が葡萄畑を持っていたこともあり、徹底的に論じた。無関税で輸入される安いワインのせいで貧窮しており、何も対策を取らない政府を痛烈に批判していたのだ。このときの論説を契機に、マルクスはパリで経済学を本格的に研究し始めたという。

もうこれ以上、物価を下げることができません

これはひどい……マルクスの記事は本当だったのか

マルクスは経済学を学び、疎外を発見した

マルクス、経済学を学ぶ

ドイツ哲学とフランス政治学に加え、イギリス経済学も習得した。

アダム・スミス
『国富論』で労働価値説の基礎を築いた。
デヴィッド・リカード
『経済学と課税の原理』で自由貿易を擁護した。
ジェームズ・ミル
『経済学原理』でベンサムの功利主義を擁護した。

これらを勉強した際のマルクスのメモが

『経済学・哲学草稿』

『ライン新聞』が廃刊になり、パリに渡ったマルクスは、経済学の名著を読みふけり、研究に没頭した。そのときのメモをまとめたものが『経済学・哲学草稿』だ。この第一草稿では、「疎外」の概念を打ち立てる。

疎外とは、労働者の生産は資本家のものとなるため（労働生産物からの労働者の疎外）、生産労働は強制となり（生産労働からの労働者の疎外）、幸福感を感じることができない（類的存在からの人間の疎外）というもの。疎外された労働は、最終的に資本家と労働者を対立させる（人間からの人間の疎外）。これが『資本論』の中核となる。

労働が労働者から疎外される!?

労働者が生産したものは資本家の手に渡る。「労働の生産物」が資本家のものになる。

労働者がより多くの価値をつくればつくるほど、労働者の価値は低くなる

こんなにがんばっても最終的には資本家に取られてしまうのか…
なんのために働いているのだろう

芸術を通して労働者の想いを世間に広めた

プロレタリア文学とは?

労働者階級の思想や感情をマルクス・レーニン主義の芸術理論でもって描いた文学。

『種蒔く人』創刊
小牧近江《おうみ》を中心に、フランスの反戦運動を広めるために発刊された。日本の初期プロレタリア文学を代表する雑誌。

三・一五事件
政府による共産主義者に対する弾圧事件。小林多喜二はこの事件を『一九二八年三月十五日』でリアルに描いた。

- 1921
- 1922 日本共産党結成
- 1923 関東大震災
- 1924
- 1925 治安維持法
- 1926 昭和元年
- 1928

『文芸戦線』創刊
関東大震災後に廃刊となった『種蒔く人』の後を継ぐ形で創刊された。青野季吉や葉山嘉樹らが活躍した。

『戦旗』
プロレタリア文学を代表する雑誌。『文芸戦線』よりも共産主義的要素が強い。小林多喜二(「蟹工船」)、徳永直《すなお》(「太陽のない街」)の2大作家を持つ。政府による弾圧も強く、発禁処分になったものも少なくなかった。

小林多喜二と『蟹工船』

日本のプロレタリア文学の代表的な作家、小林多喜二（1903〜1933）の『蟹工船』が発表されたのは1929年。小林多喜二は当時非合法だった日本共産党に入党し、左翼運動を行っていたものの特別高等警察に逮捕され、拷問によって殺されてしまった。それから約80年経った現代、ワーキングプアや格差社会に絡めて『蟹工船』が再び脚光を浴びている。

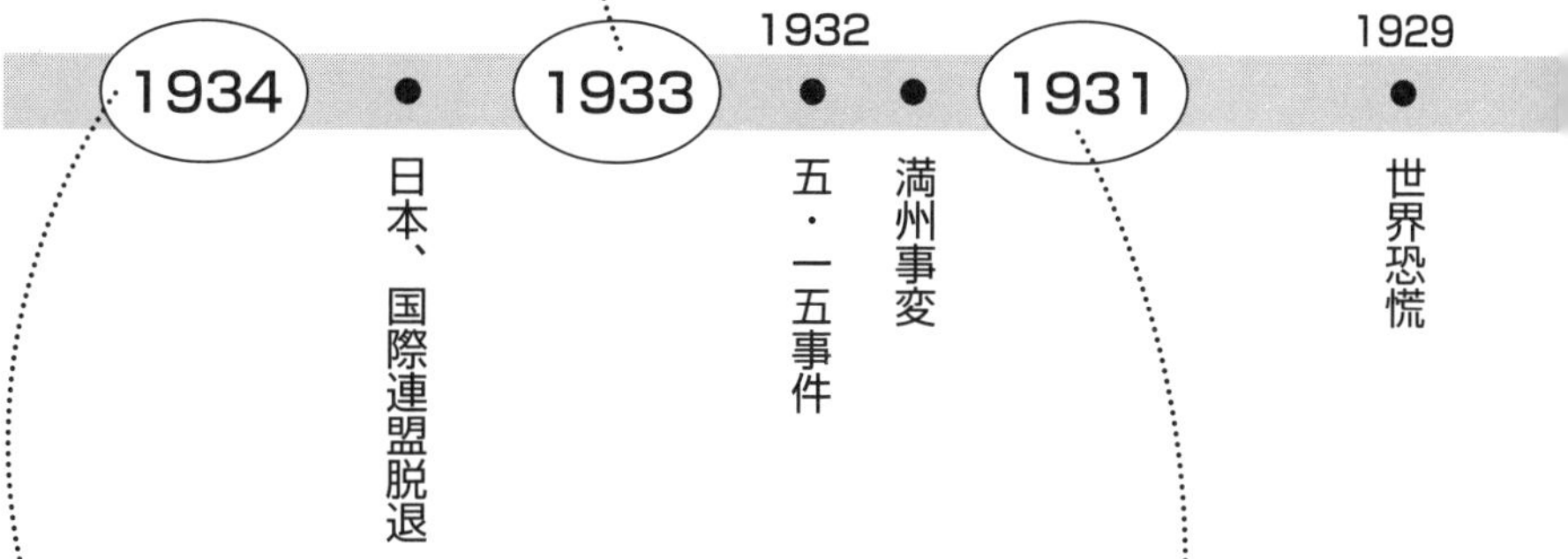
1934
日本、国際連盟脱退
1933
1932
五・一五事件
満州事変
1931
1929
世界恐慌

日本プロレタリア作家同盟解散

1933年に小林多喜二が獄死すると、共産党員が転向することも多くなり、プロレタリア文学は徐々に衰退していった。

日本プロレタリア文化連盟（コップ）

日本プロレタリア作家同盟（ナルプ）を中心に演劇や写真など10以上の文化団体が加盟した。この頃は満州事変の影響もあり、政府による弾圧が厳しさを増した。

マルクスは、社会の歴史を科学的に分析した

史的唯物論とは？

社会の下部構造が上部構造を作るのであって、その逆ではない。

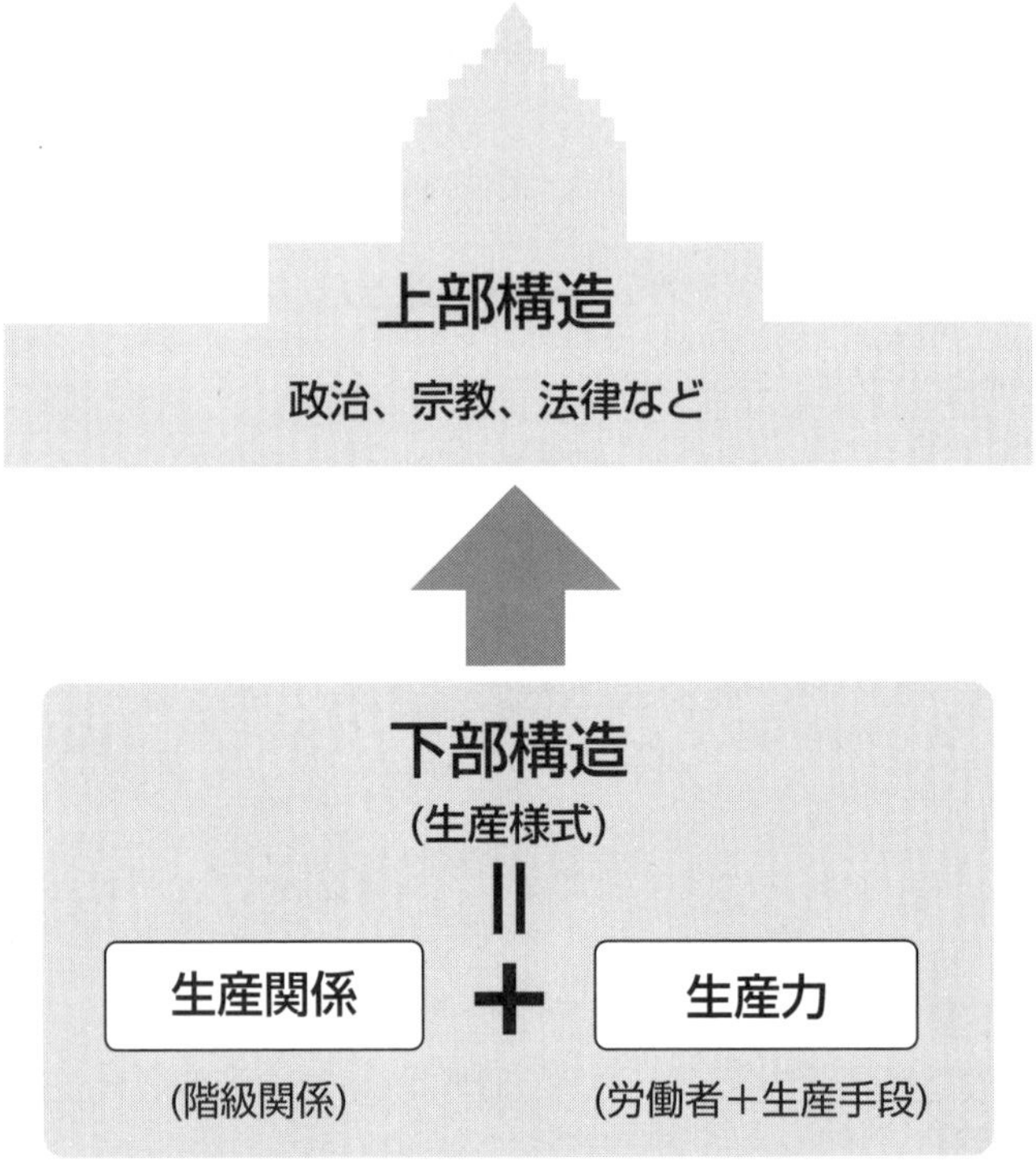
上部構造
政治、宗教、法律など
下部構造
（生産様式）
＝
生産関係
＋
生産力
（階級関係）
（労働者＋生産手段）

マルクスとエンゲルスは『ドイツ・イデオロギー』という草稿を共同執筆している。この本の功績は、学生時代に没頭した哲学の師・ヘーゲルを批判することで、「史的唯物論」を確立したことだ。

　これによると、有史以来、社会は生産様式によって決まり、生産力がどんどん増大すると「矛盾」が生じて革命が起こるとしている。すると次のステージの生産様式に移るが、そこでも矛盾が生じ、次のステージへ。最終的には共産主義国家に到達するという、社会発展の一般的法則理論だった。

　資本主義である限り、過剰生産が起こり、恐慌を生み出す。そこにこそ矛盾があると説いたのだ。

社会の歴史は、労働者の歴史

マルクスによれば、資本主義社会において、労働者は搾取され続ける。労働者が革命を願うのは必然である。

社会主義社会
生産関係＝階級がなくなる
生産力＝労働者が共存する

↑ 革命？

資本主義社会
生産関係＝資本家と労働者
生産力＝自由な労働者・工場

↑ 革命

封建制社会
生産関係＝領主と農奴
生産力＝農奴・荘園

↑ 革命

奴隷制社会
生産関係＝土地所有者と奴隷
生産力＝奴隷・プランテーション

↑ 革命

原始共産制社会
生産関係＝強い部族と弱い部族
生産力＝捕虜・狩りや農耕

社会主義社会は訪れるのだろうか……

『共産党宣言』は、労働運動のマニュアルだった

資本主義の役割は終わった

マルクスは、労働者たちに、共産主義社会を実践するための条件を設定した。

共産主義社会を実践するには、

- 土地所有を廃止する
- 累進課税を強化する
- 相続権を廃止する
- 亡命者・反逆者の財産を没収する
- 国立銀行によって、信用を国家に集中する
- 運輸機関を国有化する
- 国有工場を増やす
- 平等な労働義務を与える
- 農業と工業の経営を統合する
- すべての児童に公的教育を無償で行う

……などを実現しなければならない

「今日までのあらゆる社会の歴史は階級闘争の歴史である」という有名な句で始まる『共産党宣言』。これは、マルクスとエンゲルスによって、当時の国際的な労働者運動組織である「共産主義者同盟」の綱領として書かれた。

この宣言は、どのような経緯で資本家と労働者が生まれ、対立しているのかを明らかにした。そして資本主義社会の矛盾は、労働者を解放することで解決すると説いた。つまり、マルクスは『ドイツ・イデオロギー』の中で展開した史的唯物論を、労働者に向けて発信したのだ。そしてこの階級闘争に勝つために、世界の労働者が団結しなければならないと強いメッセージを発信している。

労働者に団結を呼びかけた

資本主義のしくみそのものを変えるためには、労働者が一丸となる必要があると、マルクスは考えた。

万国のプロレタリアよ団結せよ!
資本主義はもう限界だ
よし、やるか
もうこれ以上搾取されるのは嫌だ
労働者自ら立ち上がらないとなにも変わらない

よりみちコラム

マルクスの髭《ひげ》にはナゾがある

マルクスの肖像写真の顔は、シンボルマークとも言える豊かな髭で覆われている。それは、人を威嚇《いかく》するには十分と言える立派な髭であり、マルクスは髭を伸ばすことに政治的意義を見出していたのだ。

ロンドン・ハイゲート墓地のマルクスの墓は、髭に包まれた顔の巨大な像がある。台座には「WORKERS OF ALL LANDS UNITE」(万国の労働者よ団結せよ)と刻まれている。

ヨーロッパ中の労働者たちが自らの権利のために団結した

国際的な労働者の組織が必要

国際労働者協会（第一インターナショナル）とは、手工業労働者が中心の国際的な労働組合。

〈国際労働者協会の主なメンバー〉

イギリス ジェームズ・オッジャー （労働組合代表）	**フランス** ピエール・プルードン （社会主義者）
ロシア ミハイル・バクーニン （革命家）	**イタリア** ジュゼッペ・マッツィーニ （革命家）
ドイツ カール・マルクス	**その他ヨーロッパの労働者組合**

↓

1876年、マルクス反対派の増加により、解散することになる。

1864年、マルクスが指導的役割を果たすことになる国際労働者協会（第一インターナショナル）が設立。ヨーロッパと北アメリカにまたがる労働者階級の国際組織は、階級闘争に大きな意味を持っていた。

当時は労働者階級の数が増大し、資本家たちの搾取が強力に。そのため、生活を守るために闘う労働者組織が各地で生まれ、資本家と労働者との対立が明確になっていた。

1865年、国際労働者協会で労賃について論じたマルクス。それが後に『賃銀・価格および利潤』となって発表され、マルクスとエンゲルスの社会主義理論が労働者階級の心をとらえていった。

労働組合の使命は労働者を解放すること

マルクスは、労働組合は賃金などの労働条件の交渉だけでなく、もっと政治運動をしなければならないと思っていた。だが、この主張は受け入れられなかった。

では、時給を100円上げますそれで納得していただけますか？
給料を上げるだけじゃダメだとマルクスは言っていたな…

よりみちコラム

マルクスはリンカーンを支持していた

1861年、アメリカ合衆国で南北戦争が起こった。大統領リンカーンが奴隷解放を主張した。当時の奴隷は南部の綿花畑の重要な労働力であり、地主にとっては搾取の大きな資源だった。

南北戦争は階級闘争でもあった。マルクスはリンカーンを支持。北軍が勝利し、リンカーンが2期目の大統領に就任したときに祝電を送り、リンカーンもお礼の返信をしている。

イギリスでの活発な労働運動が労働者に多くの権利をもたらした

労働者が機械に怒りをぶつけた

ラダイト運動(1811年)

機械の発達によって苦しめられた労働者がイギリス各地で起こした機械打ちこわし運動。ネッド・ラッドという人物が紡績機を破壊したのが最初と言われており、その名にちなんで機械破壊行為をする者たちをラダイトと呼ぶようになった。

機械破壊者は死刑を科されるなど、多くの犠牲を伴ったが、労働者の組織力は強まっていった。これが後の「団結禁止法」の撤廃、そして「労働組合法」の成立につながっていくことになる。

労働者が政治に戦いを挑んだ

チャーチスト運動(1837年)

イギリスで最初に行われた、労働者階級による政治運動。男子普通選挙制の実現などを盛り込んだ「人民憲章」の採用を政府に迫った。この運動自体は成果を残さぬまま終わってしまうが、労働者の政治運動に大きな影響を与えた。

1884年には、地方の労働者にも選挙権が与えられるまでになった。また、1900年には労働者政党「労働党」の前身が結成される。なお、ブラウン現首相は労働党の党首(2008年10月現在)。

労働者が勝ち取った労働組合法

1799

イギリス政府により「団結禁止法」が成立した。

労働者による団結やストライキは犯罪として取り締まられた。

1811

イギリス各地でラダイト運動が起こった

1824

「団結禁止法」撤廃

労働者による団結は原則自由になった。しかし、資本家による圧力は依然強かった。また、恐慌などの影響による賃金カットや解雇で、労働者の立場の改善にはつながらなかった。

1834

オーウェンが「全国労働組合大連合」を結成

単一の労働組合としては当時最大であった（50万人）。
賃金アップなどを求め全国でストライキを起こした。しかし、政府と資本家の弾圧により、１年足らずで解散してしまった。

1837

チャーチスト運動が起こった

1864

第一インターナショナル設立

1868

イギリス労働組合会議（TUC）設立

全国の労働組合が集まり設立された。組合員の数は1890年には140万人を超えていた。その活動は2008年現在も続いている。

1871

「労働組合法」成立

ここに初めて労働組合が合法とされた。

労働者階級による初めての民主国家が作られた

ついに労働者が権力を握った

パリ・コミューンは、パリの周りにバリケードを築きフランス政府の弾圧を凌いだが、結果的には短命に終わった。

パリ・コミューンの様子

マルクスは『フランスの内乱』という著書で、「プロレタリア独裁の光景を知りたくば、パリ・コミューンを見よ。これこそプロレタリア独裁であった」と記している。

パリ・コミューンとは、1871年に民衆が蜂起して誕生した革命政府だ。わずか3ヶ月でフランス政府の弾圧により崩壊してしまうが、短期間で労働条件の改善や貧困対策、教育の充実など革新的な政策を次々と発表。世界初の労働者階級の自治による民主国家として今でも高く評価されている。

残念ながら存続期間が短かったために政策は実行に移されなかったが、この試みは当時の社会主義者たちに多くの教訓を与えた。

革新的な政策を次々と実施した

パリの民衆は手に入れた権力をいかんなく発揮した。

パリでは大変なことが起こっている
『共産党宣言』と重なるものもあるな

普通選挙

議員は選挙によって選出された。労働者ばかりでなく、医師やジャーナリストなど様々な職業の人、女性もいた。

政教分離

政治への影響力が強かった教会を分離し、基本財産を没収。教会の国家への干渉を一掃しようとした。

義務教育の無料化

教育施設をすべて無料で開放し、誰もが政府からの圧力を受けずに学問できる環境を整えようとした。

労働条件の改善

コミューンは労働者階級の政府だったため、夜間労働の禁止や賃金の安定は必須。違反者の罰則も規定した。

マルクスの死後、多くの社会主義国家が誕生した

マルクス主義と社会主義革命

レーニンらによるロシア革命により、ソビエト連邦が誕生。
以後、多くの社会主義国家が生まれる。

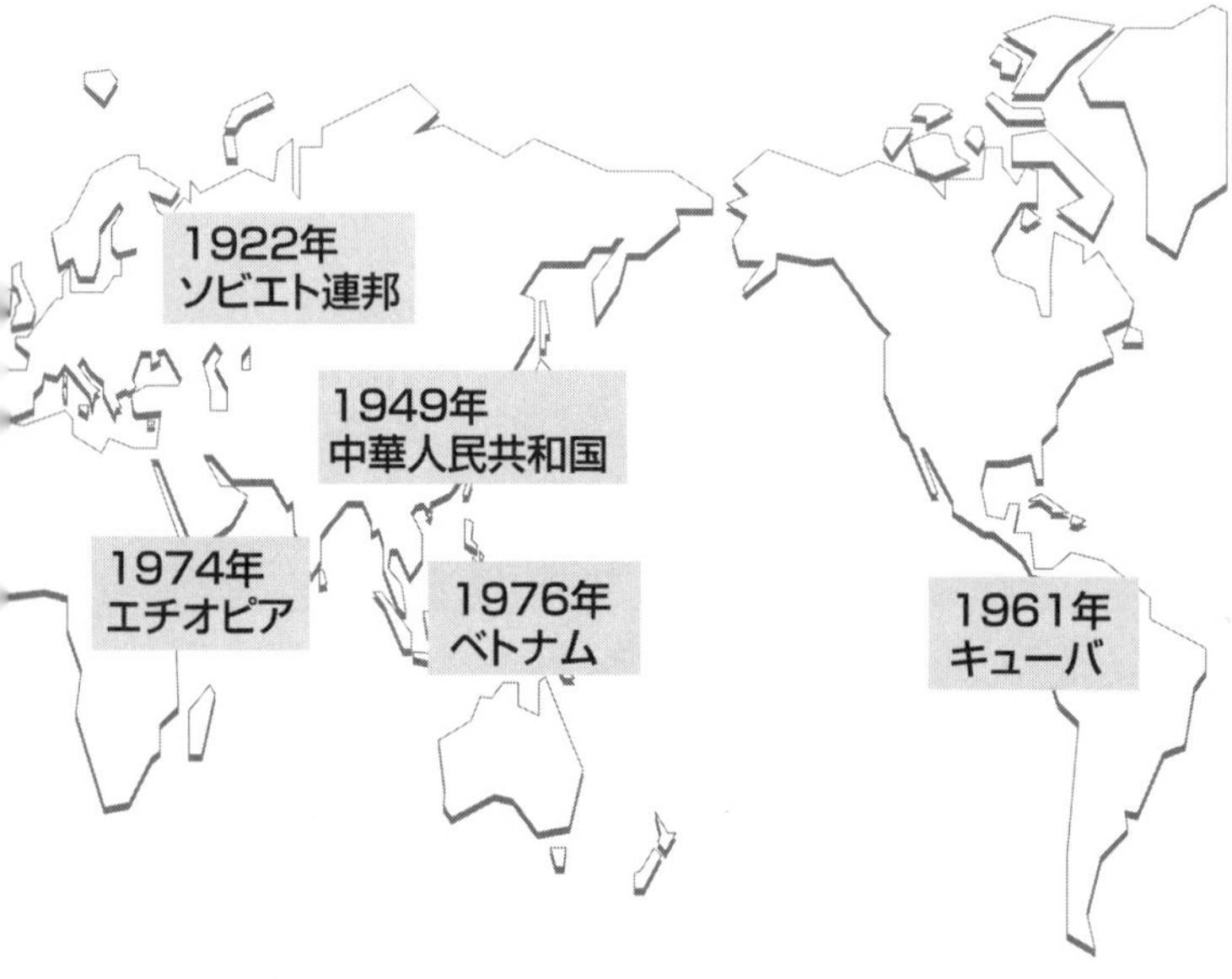
1922年
ソビエト連邦
1949年
中華人民共和国
1974年
エチオピア
1976年
ベトナム
1961年
キューバ

しかし、ソビエト連邦は1991年に崩壊した。

１９１７年、ウラジーミル・レーニンらによるロシア革命により、後のソビエト連邦となる暫定政府が誕生する。

この革命の源泉となったのが、レーニンが18歳のときに出合った『資本論』であった。

ソ連形成のイデオロギーはマルクスの思想を受け継いでいたため、マルクス・レーニン主義と呼ばれた。しかし、当のマルクスは「主義」という言葉が嫌いであった。

マルクスの思想は「発展期としての資本主義」→「過渡期としての社会主義」→「終局の理想としての共産主義」というもの。ソ連が発展した資本主義を経ていない以上、マルクスの予想とは異なる。

マルクスはマルクス主義者ではなかった!?

マルクスの思想はいくつかの分派を生んだ。マルクス主義もそのひとつ。元の思想はひとつだが、それぞれが独自の考えを発展させたため、対立した。この状況はキリスト教の分派過程とよく似ている。

マルクス・レーニン主義 一挙に社会主義社会を目指す（レーニン、スターリン）	**修正主義** 民主主義を通じた社会主義社会を目指す（ベルンシュタイン）
ユーロコミュニズム ヨーロッパの社会主義思想とマルクスの思想を伝える（ルカーチ）	**実存主義** 共産主義に実存の思想を重ねる（サルトル）

私がマルクス主義者でないことだけは確かだ！

マルクスの名前が冠になっているので、マルクスが提唱した主義と思ってしまうが、分派は、マルクスを支持した人々が自分の都合の良い部分だけを誇張し、マルクスの思想を導入しただけのものだった。

今までずっと勘違いしていたのか……
ヘナ
ヘナ
ヘナ

マルクスの思想が世界中の革命家を動かした

世界で初めての社会主義国家

1914　第一次世界大戦

1917　二月革命

1918　**共産党誕生**
レーニンを指導者としていたボリシェヴィキが共産党と改称した

1922　**ソビエト社会主義共和国連邦が誕生**
世界初の社会主義国家。マルクスの思想が多大な影響を与えた

1924　レーニン死去

1928　**第一次5ヶ年計画、スターリンによる独裁**
農業集団化により、多くの餓死者が出た

1941　第二次世界大戦に連合国側として参戦

1953　スターリン死去

冷戦

1985　ゴルバチョフによるペレストロイカ

1991　ソ連崩壊

マルクスとレーニンの思想が世界を変える!
私は18歳のときに『資本論』を読んだぞ!

ヨシフ・スターリン（1879〜1953）

ウラジーミル・レーニン（1870〜1924）

毛沢東は農民による共産主義を目指した

中華人民共和国の建国直後は、民衆の絶大な支持を受けていた。しかし、大躍進政策や文化大革命で農村に深刻な被害を与えてしまい、権力は弱まった。

私はマルクスの唯物論と弁証法を中国伝統の兵法に取り入れたのだ

毛沢東
（1893～1976）

1893	生
1907	14歳で結婚 妻は数年で死去
1919	地元で歴史の教師になる
1921	中国共産党の指導者になる
1937	日中戦争
1949	中華人民共和国建国宣言をする
1958	大躍進政策
1966	文化大革命
1976	死去

アメリカと闘い続けるカストロ

裕福な地主の家庭に生まれたカストロ。勉強熱心で野球に熱中するかたわら、政治活動にも参加。マルクスの著書から多大な影響を受け、キューバ革命を起こした。

階級社会を分析したマルクスとエンゲルスの『共産党宣言』は、天からの啓示のようなものだ

フィデル・カストロ
（1926～）

1926	生
1953	モンカダ兵営を襲撃するが失敗
1955	メキシコ亡命
1956	チェ・ゲバラらと共にキューバ上陸
1959	キューバ革命に成功
1962	キューバ危機
1965	キューバ共産党を結成
2006	権限を委譲

政治や社会に関心を持てと、労働者に訴え続けた

マルクスは、産業革命による資本家と労働者の関係を分析することで、搾取の原理を『資本論』により明らかにした。これが社会主義国家設立の原動力となったので、マルクスの思想＝社会主義というイメージがついて回る。しかし、マルクスは文明の発展過程で資本主義は必然であり、成熟・発展すると、革命により共産主義に移行すると考えていた。つまり、資本主義否定の立場ではない。

　革命に必要なのが労働者の意識改革だと考えたマルクス。当時の労働者は搾取の原理に気づいていなかった。そこで労働者の団結を訴え、労働者が政治的意識を持つことで次のステージ・社会主義に移ることを予言したのだ。

マルクスは革命家ではない!?

マルクスは革命の必要性を説いたが、自ら革命を起こそうとはしなかった。革命は労働者によってのみ起こされるものだと考えた。

マルクスが残した言葉

・革命を起こすことができるのは、政治的意識に目覚めた労働者たちだけだ。
・意識が生活を規定するのではなくて、生活が意識を規定する。
・哲学者たちは、世界をただ様々に解釈してきたにすぎない。重要なのは、世界を変革することである。
・わたしは、世界市民だ。だから、わたしは自分がどこにいても、その場所で活動する。

マルクスにとって
生きることの
究極の法則は、
『闘争』
である

よりみち
コラム

ライバルにはとことん厳しかった

自信家で人の話を聞かないマルクスは、ライバルの運動家や革命家たちに対する批判がかなり厳しかった。自分の考えに合わないと、自身の書物を通して「個人攻撃」をすることも少なくなかった。終生のライバルともいわれるプルードンの『貧困の哲学』が出版されると、その翌年にマルクスが『哲学の貧困』というタイトルで、プルードンの考えを批判する本を出版した、という驚きのエピソードもある。

1818 ドイツ・トリーアに生まれる（5月）

1820 エンゲルス生まれる（11月）

1835 ボン大学入学

1836 ベルリン大学入学

1838 父ハインリヒ死去（5月）

1841 イエナ大学に論文『デモクリトスとエピクロスの自然哲学の差異』を送り、哲学博士号を取得

わしもいろいろ
がんばったなぁ…

世界の出来事

1833 天保の大飢饉が始まる

1837 大塩の乱

1840 アヘン戦争勃発

1841 天保の改革

1842

ケルンにて『ライン新聞』の編集長になる
(このとき初めてエンゲルスに会う)

1843

イェニーと結婚する(6月)
パリへ行く(10月)

1844

『独仏年誌』発刊
(エンゲルスとの親交深まる)
『経済学・哲学草稿』を書く
長女イェニー生まれる(5月)

1845

パリを追放されブリュッセルへ
『聖家族』刊行(エンゲルスとの共著)
二女ラウラ生まれる(9月)

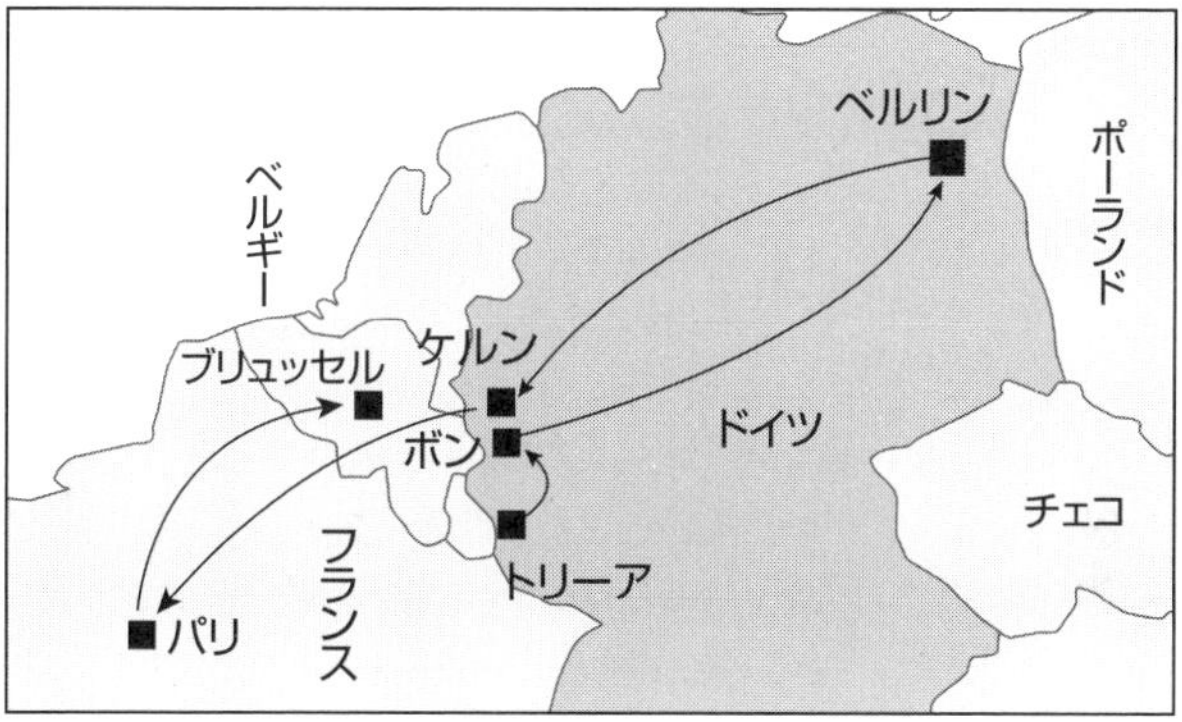

1842

南京条約

1844

オランダが江戸幕府に
開国を要求する

1845
『ドイツ・イデオロギー』(1845〜46)を書く(出版は1932年)

1847
長男エトガー生まれる
『哲学の貧困』刊行

1848
『共産党宣言』刊行
ベルギーを追放されパリに戻る(3月)
ケルンにて『新ライン新聞』発刊

『共産党宣言』発刊直後、偶然にもパリを皮切りにヨーロッパ中で革命が次々と起こった。マルクスの影響力を恐れたベルギー政府は24時間以内に国外へ退去するようマルクスに命じた。

1849
パリを追放されロンドンへ(8月)
二男グイード生まれる(11月)(1850年死去)

1850
大英博物館に通い始める

世界の出来事

1848
フランス二月革命
革命はヨーロッパに広がる

1849
1848年革命の終焉

1851
三女フランチェスカ生まれる（3月）（1852年死去）
『ニューヨーク・デイリー・トリビューン』に寄稿し始める（1862年まで）

1852
『ルイ・ボナパルトのブリュメール十八日』刊行

1855
四女エリーナ生まれる（1月）

1857
『経済学批判要綱』執筆

1859
『経済学批判』刊行

マルクスは当初、経済体系の批判を6分冊で展開する考えを持っており、『経済学批判』はその第1巻にあたる。そして、『経済学批判　第2巻』と呼ばれていた原稿は後に『資本論』と名を変えて世に出ることになる。

1853
ペリーが浦賀に来航

1858
日米修好通商条約

1860
桜田門外の変

1861
南北戦争（アメリカ）

1863 母ヘンリエッテ死去(12月)

1865 第一インターナショナルでの講演が後に『賃銀・価格および利潤』として刊行される

1867 『資本論』第1巻刊行

『資本論』発刊直後は、その難解さゆえにほとんど反応がなかった。初版の1000部を売り切るのには、実に4年を要した。

1871 『フランスの内乱』を書く

1873 医師に神経衰弱と診断される

この頃マルクスは、不眠症、頭痛、肝機能障害などに悩まされていた。その影響もあり鬱に陥ってしまう。医師からは、仕事をすることを禁止されていたが、マルクスの研究熱が冷めることはなかった。

世界の出来事

1863 リンカーンによる奴隷解放宣言

1867 大政奉還

1868 明治維新

1871 廃藩置県

1875
『ゴータ綱領批判』を書く

1881
妻イェニー死去（12月）

1882
アルジェリアへ療養に行く

1883
マルクス死去（3月）

マルクスは妻イェニーと同じハイゲート墓地に埋葬された。その葬儀には11人が参列。エンゲルスが弔辞を述べている。

1885
『資本論』第2巻がエンゲルスによって編集・出版される

1894
『資本論』第3巻がエンゲルスによって編集・出版される

1895
エンゲルス死去

1877
西南戦争

1889
大日本帝国憲法

1894
日清戦争勃発

▶ま◀

▶や◀

▶ら◀

▶わ◀

た

な

は

▶あ◀

▶か◀

監修者プロフィール

的場昭弘（まとば　あきひろ）

1952年、宮崎市生まれ。神奈川大学経済学部教授。慶應義塾大学大学院経済学研究科博士課程終了、経済学博士。著書に、『マルクスだったらこう考える』（光文社）、『マルクスを再読する』（五月書房）、『ネオ共産主義論』（光文社）、『未完のマルクス』（平凡社）、『超訳『資本論』』（祥伝社）などがある。

参考文献

『超訳『資本論』』　的場昭弘 著　（祥伝社）
『ネオ共産主義論』　的場昭弘 著　（光文社）
『マルクスだったらこう考える』　的場昭弘 著　（光文社）
『いまこそ『資本論』』　嶋崇 著　（朝日新聞出版）
『カール・マルクスの生涯』　フランシス・ウィーン 著　田口俊樹 訳　（朝日新聞社）
『蟹工船』　小林多喜二 著　（新潮社）
『共産党宣言』　カール・マルクス　フリードリヒ・エンゲルス 著　大内兵衛　向坂逸郎 訳　（岩波書店）
『金融のしくみがよくわかる本』　小川好澄 監修　（成美堂出版）
『経済学名著と現代』　日本経済新聞社 編　（日本経済新聞出版社）
『資本論』1巻〜9巻　岩波文庫版　カール・マルクス 著　フリードリヒ・エンゲルス 編　向坂逸郎 訳　（岩波書店）
『社会保障入門』　竹本善次 著　（講談社）
『少年フィデル』　フィデル・カストロ 著　柳原孝敦 訳　（トランスワールドジャパン）
『初任者・職場管理者のための労働基準法の本』　労務行政研究所 編　（労務行政）
『新世界史』　柴田三千雄ほか 著　（山川出版社）
『人生の知恵XI　マルクスの言葉』　井上正蔵 訳編　（彌生書房）
『日本経済のしくみ（図解雑学）』　松原聡 編著　（ナツメ社）
『世界一簡単なマルクス経済学の本　マルクスる?』　木暮太一 著　（マトマ商事）
『世界史B』　尾形勇ほか 著　（東京書籍）
『知識ゼロからの経済学入門』　弘兼憲史 著　（幻冬舎）
『知識ゼロからの哲学入門』　竹田青嗣+現象学研究会 著　（幻冬舎）
『知の教科書　ヘーゲル』　今村仁司　座小田豊 編　（講談社）
『知の攻略　思想読本2　マルクス』　今村仁司 編　（作品社）
『賃銀・価格および利潤』　カール・マルクス 著　長谷部文雄 訳　（岩波書店）
『賃労働と資本』　カール・マルクス 著　長谷部文雄 訳　（岩波書店）
『「はだかの王様」の経済学』　松尾匡 著　（東洋経済新報社）
『フォー・ビギナーズ・シリーズ 17　資本論』　ダヴィット・スミス 文　フィル・エバンス 絵　小阪修平 訳　（現代書館）
『フォー・ビギナーズ・シリーズ 3　マルクス』　エドワルド・リウス 文・絵　小阪修平 訳　（現代書館）
『プロレタリア文学運動　その理想と現実』　湯地朝雄 著　（晩聲社）
『マルクスの『資本論』』　フランシス・ウィーン 著　中山元 訳　（ポプラ社）
『マルクス・コレクションⅥ　フランスの内乱/ゴータ綱領批判/時局論㊤インド・中国論』　カール・マルクス 著　辰巳伸知　細見和之　村岡晋一　小須田健　吉田達 訳　（筑摩書房）
『マンチェスター時代のエンゲルス　その知られざる生活と友人たち』　ロイ・ウィトフィールド 著　坂脇昭吉　岡田光正 訳（ミネルヴァ書房）
『毛沢東　実践と思想』　近藤邦康 著　（岩波書店）

金融庁ホームページ
経済産業省ホームページ
厚生労働省ホームページ
財務省ホームページ
社会保険庁ホームページ
アマノ株式会社ホームページ
伊予銀行ホームページ（いよぎんキッズお金歴史館）
経済協力開発機構（OECD）ホームページ
ダイヤモンド・オンラインホームページ
山梨中央銀行ホームページ（山梨中銀金融資料館）
陸前高田市海と貝のミュージアムホームページ
one red paperclip（カイル・マクドナルド氏）ホームページ
Trades Union Congress（TUC）ホームページ

弘兼憲史（ひろかね　けんし）

1947年山口県生まれ。早稲田大学法学部卒。松下電器産業販売助成部に勤務。退社後、1976年漫画家デビュー。以後、人間や社会を鋭く描く作品で、多くのファンを魅了し続けている。小学館漫画賞、講談社漫画賞の両賞を受賞。家庭では２児の父、奥様は同業の柴門ふみさん。代表作に、『課長 島耕作』『部長 島耕作』『加治隆介の議』『ラストニュース』『黄昏流星群』ほか多数。『知識ゼロからのワイン入門』『知識ゼロからのカクテル＆バー入門』『知識ゼロからの簿記・経理入門』『知識ゼロからの企画書の書き方』『知識ゼロからの敬語マスター帳』『知識ゼロからのM＆A入門』『知識ゼロからのシャンパン入門』（以上、幻冬舎）などの著書もある。

装幀　石川直美（カメガイ デザイン オフィス）
装画　弘兼憲史
本文漫画　『課長 島耕作』『部長 島耕作』『取締役 島耕作』
『常務 島耕作』『専務 島耕作』（講談社刊）より
本文イラスト　中村知史
境目有希子
本文デザイン　バラスタジオ（高橋秀明）
編集協力　西　一
カルチャー・プロ（郡山樹理　野村直人）
編集　福島広司　鈴木恵美（幻冬舎）

知識ゼロからのマルクス経済学入門

2009年2月25日　第１刷発行

監　修　的場昭弘
著　者　弘兼憲史
発行者　見城　徹

発行所　株式会社 幻冬舎
〒151-0051　東京都渋谷区千駄ヶ谷4-9-7
電話　03-5411-6211（編集）　03-5411-6222（営業）
振替　00120-8-767643
印刷・製本所　株式会社 光邦

検印廃止

ISBN978-4-344-90145-2 C2033
Printed in Japan
幻冬舎ホームページアドレス　http://www.gentosha.co.jp/
この本に関するご意見・ご感想をメールでお寄せいただく場合は、comment@gentosha.co.jpまで。